明·趙崡撰

石墨鐫華

中國書店

詳校官主事臣陳木

臣紀昀覆勘

欽定四庫全書　史部十四

石墨鐫華　目録類 金石之屬

提要

臣等謹案石墨鐫華六卷附錄二卷明趙崡撰崡字子函盩厔人萬歷乙酉舉人崡家近漢唐故都多古石刻性復好事時挾楮墨訪搨並乞於朋友之宦遊四方者積三十餘年故所蓄舊碑最富自序稱所收過於都穆楊

慎而視歐陽修才三之一視趙明誠才十之一然宋元以上多歐趙所未收者欲刊其全文而力不足以供匠氏故但刻其跋尾凡二百五十三種其曰石墨鐫華者取劉勰文心雕龍誄碑篇句以所收石刻居多故也每碑目録之下各注其地兼仿陳思寶刻叢編之例金元國書世不多見亦仿集古録摹載鐘鼎之例收之頗為詳備惟所跋詳於筆法而

略於考證故岣嶁碑比干墓銘之類皆持兩端而所論筆法於柳公權夢英蘇軾黃庭堅皆有不滿亦僻於一家之言然一時題識語有出入自集古錄以下皆所不免不能獨為崡咎也至所載古碑頗多未備則由崡本貧士其力止於如斯觀附錄二卷所載三記及詩其求索之勞亦云備至不必以挂漏為譏矣乾隆四十九年八月恭校上

總纂官臣紀昀臣陸錫熊臣孫士毅
總校官臣陸費墀

石墨鐫華自序

余不敏八歲時從先大夫在重慶郡守朱秉器先生慱學好古手虞伯施書授余使余臨摹余時兒嬉不能有得也既歸為諸生困于制科文不暇旁及然私心竊嚮慕古人每獲一名碑必摩弄累日不忍釋去余居近周秦漢唐故都諸名書多在焉西安類宮碑林為最余每至其下必坐卧觀之至于忘返芒蹻所及片石隻字必且駐觀其佳者輒疏記之以俟好事貴人慫慂摹搨從

乞副本并請之友人之宦遊四方者于今三十餘年矣
憶宋歐陽公趙明誠洪丞相明都元敬楊用修皆能博
収古碑註釋評證傳之將來今洪丞相隷釋刻本最少
歐之集古録趙之金石録都之金薤琳瑯楊之金石古
文則人所共睹記也考其收録歐僅四百餘趙至二千
都楊二公數不及歐以余三十年所收雖過都楊而視
歐才三之一視趙不能十之一自宋元以上往往有二
公所不及收者即諸公書亦自有無互異豈不以搜訪

之難哉且諸公版本具在而求其石蹟亡者已過半矣余死之日余所收録亦與浮烟飄靄俱盡良足悲也暇日命裝池成帙置一長几高齋永晝或追尋往哲或模倣名書披賞之餘妄加管見書于各卷之尾又恐他日將與此卷同為烏有而已因摠録其語付諸棗梨余自不能識書乃敢謬議古人何足存者但因余言而使後之好古者如余之取徵諸公未必非斯文之一助也且余于諸公書最愛都楊二公全文抄刻即石蹟已亡取

徵猶備而貟廬所入不足以既匠氏故用歐趙二公例
獨刻跋語刻成竊取劉勰氏之言以名其書曰石墨鐫
華示諸同好無不稱善者追維三十年前在重慶時秉
器先生往矣安能起九原而與之上下之斯文未喪其
為秉器先生不知凡幾有能益我以所未見者余雖老
矣飲啖尚健天假之年將有續篇就政君子萬歷戊午
秋七月五日中南敦物山人趙崡子函父撰

石墨鐫華序

子函先生石墨鐫華成走使示余且命為序余雖不文竊恐讀是書者瞥然未諳先生之苦心也遂不辭而為之說夫書契之昉昉于河洛萬世人倫禮樂教化刑政胥此焉出乃迂儒老生眂為柔翰柔翰豈知道哉古人遠矣其精神皆發之於文章筆札顧兵燹之後存者無幾唯是索球琳于荒草掘屓贔于泥沙庶幾彰六書遺響於百世之後自永叔明誠暨元敬用修裒集金石表

章大雅詎不偉歟所可恨者采輯雖廣而評駁未盡獨王元美品題最當每一披閱神為之怡亦不過于四君子所收中得其什一譬如酌羔羊之酒未及濡首終不厭飲者心也先生名位埶力去五子遠甚然深心嗜古慱求遠購時跨一蹇掛偏提注濃醽童子負錦囊揚工攜楮墨從周畿漢甸足跡迨遍每得一碑親為拭洗椎搨精緻內之行篋遇勝景韻士輒出所攜酒把臂欣賞得佳句即投囊中比歸不減波斯胡取木難火齊艅艎

捆載自不解事者望之以為何如南山五斛豆果然之為得而先生夷然不屑也睨曰是豈此曹所知哉如此三十餘年總所藏二百五十餘種其間漢唐名書多歐趙諸子未見者裝潢堅確卷帙絢爛每一册後必親裁一跋考據精詳推勘深至如老吏斷獄按之三尺的然不爽安得起五子于一堂彼摩此兑當必有憮然自失者噫亦奇矣先生德厚品高修髯玉立居有傲山樓聚書萬卷罥羅二酉其所收寧止于此此特文豹之一斑

耳千百年後金石剥落而此書不朽讀之者臨文興起
使六書之學昭若日星豈但嘉惠後人臨池之藝已也
先生真有功于世道者哉萬歴戊午冬十月二日有鑅
康萬民無沴撰

欽定四庫全書

石墨鐫華卷一

明　趙崡　撰

跋三十六首

夏禹衡岳碑二種

禹碑七十七字在衡岳雲密峰楊用修得之張僉憲云

宋嘉定中何致子一遊南岳脱其文刻于岳麓書院用

脩又刻于滇中安寧州近世楊時喬又刻于棲霞山天

開巖余所收二本其一稍泐䟦數十字尤不可辨隱隱有何致字當是子一舊本其一則楊時喬刻也用脩謂韓愈劉禹錫朱熹張栻諸人求之不得而已得之以為奇幸而王元美復疑之謂銘詞未諧聖經顗汲冢穆天子語何也用脩金石古文幷楊時喬皆註隸釋互有不同元美亦有二本釋亦不同時喬本出在元美后元美所得豈即何子一楊用脩二刻耶何其抵牾同也但其文所謂龍畫螺書鸞漂鳳泊雖經摩刻猶可想見古人

惜不得衡岳石上蹟耳

周武王銅盤銘

此文元延祐間摹汝帖刻于石者辭旨簡遠雖非原物亦可重也

周穆王壇山刻石

吉日癸巳字在壇山宋宋祁尋而摹之縣令劉莊鑿取歸州權郡事李中祐龕置廳事右壁而為之跋國朝宋濂考據款識以為周穆王書亡疑而宋人施宿乃謂州

廨舊石以政和五年取入內府然則濂所見余所錄豈皆後人拓本耶濂曾摹刻浦陽山房仍自為跋余本有李跋無宋跋又非宋本不可曉

周宣王石鼓文

鼓文出入雅頌書法淳質出周宣王時史籀筆亡疑都元敬楊用脩王元美諸人辨之已詳余借得一本雖磨泐特甚真三代物也古人有以為秦物者已非又有以為宇文周物者尤可笑歐陽公最號博雅乃亦疑之遂

令後人譏駁無地自容矣今石猶在太學門内余從李典籍又覔得此本漫滅視余借本尤甚而護持無人惜哉

周仲尼比干墓題字

此書程邈李斯之所不為而曰仲尼手書洪氏隸釋漢隸字源辨其謬矣然以比干忠烈尼父是其族孫姑妄信之亦足為忠臣吐氣也

周仲尼季札墓題字

此書流傳已久故陶淵明季札讚云夫子戾止爰詔作銘唐張從申云舊石湮滅元宗命殷仲容模搨大歷中蕭定重刻于石又有謂李陽冰學嶧山碑得此而後變化者據此數説則真仲尼書也歐陽公疑仲尼未嘗至吳且其字大非古簡牘所宜又有謂原字止曰嗚呼有吳君子而延陵之墓四字后世妄增即黄長睿董廣川皆以為疑卒未有敢定其真偽者但淳化帖所收字小而鎮江石刻字大不倫不曉何故姑存之以俟博識君

子

秦嶧山刻石二種

唐封演謂魏太武登山排倒此碑然猶模拓者多邑人疲于奔命聚薪焚之有縣宰取舊文勒于石其后徐鉉得模本鄭文寶刻于長安自此刻者甚衆評者謂長安第一鄒縣最下而杜甫詩又云嶧山之碑野火焚棗木傳刻肥失真據此數説則嶧山舊石亡在開元之前其翻本或以石或以木矣則未知鉉所録者縣令所刻石

耶柳即肥失真之木耶而鉉自謂得思于天人之際何也余所收二本一為鄭文寶本正臨自鉉者僅存形似無復神情其一本則至元間翻刻據跋元祐中縣令張文仲又刻之矣此又當居文寶本之下原文二段後段乃二世詔文都元敬謂宜在石之傍文寶誤録為一而至元刻跋以為皆二世頌始皇語尤可笑

漢五鳳二年殘字

此石金高德裔修孔廟掘得之太子釣魚池中池在靈

光殿基南三十步太子者景帝子劉餘封魯故俗以太子呼之也石曰五鳳二年宣帝號也又曰魯三十四年德裔以為餘孫孝王時也又曰六月四日成者必當時創建或鑿池而記其成功之日也西漢石刻傳者極少此字簡質古朴存之以示後人

漢泰山都尉孔宙碑

宙融之父孔子十九代孫也卒以延熹六年碑造于七年而趙明誠歐陽永叔王元美皆曰四年宙字季將隸

書易辨而永叔集一作秀持皆不知何據鄭漁仲金石略又載兩孔宙碑尤謬余借得東肇商本又得二紙于王户部堯年趙郡丞可行大都殘闕過元敬所録者猶精彩動人元美乃謂文與書皆非至者何也

又有宙碑陰門生故吏名余未得見據金石録有捕巡字升臺捕姓姓苑不載而其稱謂有門生門童弟子故吏故民之不同洪丞相适謂親受業曰弟子相傳授曰門生未冠曰門童掾屬曰故吏占籍曰故民因是異聞

附著之

漢魯相置孔子廟卒史碑

此碑都少卿元敬考據始末甚明楊用脩金石古文全

録之但碑中奏洛陽宫下有司徒公河南闕字

季高司空公蜀郡武都闕字意伯二十四字内闕六

字而二公不之及都云此碑殘闕據宋洪丞相隸釋録

其全文而竟遺此豈二公但憑抄録未見搨本耶碑後

又有刻云後漢鍾太尉書宋嘉祐七年張稚圭按圖題

記按此碑永興元年造元常獻帝初始爲黄門侍郎距永興且四十年此非元常書明甚未知張稚圭所按何圖其叙事簡古隸法遒逸令人想見漢人風采政不必附會元常也碑中趙戒范史注字志伯今云意伯趙明誠云疑是避桓帝諱戒袁宏又作誡

漢韓勅造孔子廟禮器碑

此碑都楊二公録闕七字而余所獲搨本止闕五字多一皇戲統華胥戲字一以俟知奥奥字二公前余八十

年都所收又云舊搨本而闕字反見于今何也且都録
碑陰謂隸釋所載六十二人較都家舊搨本闕三十八
人隸釋始曲成侯王暠終洛陽王敬都家本始涿郡太
守魯麃次公終河南樊文高按碑文韓明府下已列潁
川長社王元君真至相史魯周乾伯德八人似不應碑
陰重録隸釋首正少此八人于漢文簡古之體為合而
都本乃重出不知何故惜不得至碑所一證之至若碑
隸書與卒史碑無二且記法簡質非今所能而元敬乃

以雜用讖緯溥之余竊不取焉

漢魯相史晨孔子廟碑

此史晨上尚書奏章葢漢制郡國因尚書以達天子如今通政司事也晨初到官自出俸錢以供禋祀可謂知尊聖人矣

漢魯相史晨孔子廟後碑

又一碑紀晨姓字載當時廟享觀禮者九百七人復修瀆置井及守墓人可謂盛事

余所收二碑在漢碑中頗為完好前碑止缺十一字後碑止缺一字按都元敬與楊用脩所録前碑缺二字而後碑乃缺三字且前碑上尚書後有時副言大傅大尉司徒司空大司農府治所部從事等二十字而都楊本俱無之後碑又較二公多一望見闕觀觀字一享獻之薦薦字豈都公所收偶是缺壞本楊公又從都公書中抄録不及以碑証耶余生後二公而得見所未見為之一快

漢北海相景君碑

此碑殘缺幾不成文考集古録蓋自歐陽永叔時已然而都元敬乃録其全文止缺三十字不知何據元敬又云家藏漢碑不完者皆以洪丞相隸釋足之此是耶王元美曰隸法故自古雅但益州部當言刺史不當言太守額曰銘辭曰誄亦屬未妥東京作者往往如是而碑中眉壽作麋壽歐公以為古字通用良是

漢淳于長夏承碑

都元敬引證極慱大略以此碑自元王文定公惲定為蔡邕書謂其氣凌百代筆陳堂堂洪丞相隸釋謂其字體奇恠鄭僑書衡謂其兼篆體八分合數說而疑碑非真蹟又云江陰徐擴有舊刻闕字四十有五此獨完好則其偽始信余亦覔得一紙非漢刻似不待辨而楊用脩謂為漢刻之僅存者王元美亦云其隸法時時有篆籀筆骨氣洞達精彩飛動非中郎不能豈所見别一碑耶

漢郭有道碑

此碑在介休縣余邑人王正已曾為其縣令余從其家覔一紙乃正已重刻者深恨不得原刻近有晉人為余言舊石曾在一秀才極愛之每往碑下摩娑累日一夕盜碑舁去縣令無奈重刻一石以應求者後又磨泐而王正已再刻之秀才所盜之石竟不得出異哉

漢李翕析里橋郙閣銘

此碑在略陽相傳為蔡邕書馬伯循信之固未的然碑

文醳散闕之嶄漯徙朝陽之平㷙歐陽公以為疑董逌
書跋云㬎古文顯字漯川漢作顯讀謂川在卑濕書學
古文至今同古文字濕作習又作隰故漢人濕又作累
然則漯當作濕㬎與參同體故古文燥作㷙其言醳與
易同卜用醳亦易也楊用脩謂醳古與釋通漯借作濕
㷙與燥同解作去濕就燥之義益本董說但碑文磨泐
歐陽謂二句適完好今亦損過半矣又碑中太守李君
諱翕字伯都今板本皆作李會或傳寫之誤唯鄭樵略

曰李翕與碑合

漢郃陽令曹全碑

萬歷初郃陽縣舊城掘得此碑中平二年造內稱全為戊部司馬征疏勒王和德攻城野戰謀若湧泉威年諸賁和德面縛歸死還師振旅諸國禮遺且二百萬悉以簿官按范史西域傳和德射殺其王自立涼州刺史孟佗遣從事任涉將敦煌兵五百人與戊己司馬曹寬西域長史張宴將諸國兵合三萬人討疏勒攻楨中城四

十餘日不能下引去二説不合且司馬為曹寬非曹全豈即其人范史傳寫誤耶即紀功者張大其詞而面縛歸死似非虚飾抑又何也碑文稱光和七年史光和止六年益七年冬十一月始改元中平耳碑文隸書遒古不減卒史韓勑等碑且完好無一字缺壊真可寶也余曾與友人論及古碑友人曰吾輩幸生此時猶得見漢晉人書恐後世無復存者余曰神物顯晦有時寧無沉埋以待後死者如曹全碑歐陽公趙明誠都元敬楊用

修諸公豈得見哉相眡一笑

漢西嶽華山廟碑

漢魏碑例不著書刻人姓名獨此題郭香察書為異洪适隸釋云東漢循王莽禁無雙名郭香察書者察莅他人之書又唐徐浩古迹記以為蔡中郎書余按碑文云京兆尹勑監都水掾霸陵杜遷市石句遣書佐新豐郭香察書市石察書為二事則洪公言似亦有據但書雖遒勁殊不類中郎郭香何人乃莅中郎書耶且市石察

書刻者皆著其名而獨無中郎名何也徐浩生唐盛時去漢近其人又深于字學不應謬妄至此皆不可曉至如楊文貞公跋遂以為郭香書則察字無屬不成文理矣此碑嘉靖中猶在一縣令修岳廟石門視殿上碑題皆當時顯者恐獲責罰此碑年久遂碎為砌石余從東肇商借舊本而書其後如此云

魏封孔羡奉孔子祀碑

梁鵠字孟星學書于師宜官舉孝廉官至選部尚書漢

靈帝重之曹孟德愛之王逸少學之梁武評其書云龍威虎震劍拔弩張是其書亦可重者此碑結法古質遒健未知果為鵠書否碑後題曹植詞鵠書出張稚圭亦曰按圖記與卒史碑同殊不可曉

魏百官勸進碑

此碑或曰梁鵠書或曰鍾繇書未有的據但隸法遒古非二公不能自是鍾梁間物也

魏文帝受禪碑

此傳是司徒王朗文梁鵠書太傅鍾繇刻石謂之三絕碑又云即鍾繇書亦未有的據然謂為鍾書者出顏魯公言或不妄隸法大都與勸進碑同王元美曰以太傅手腕使書前後出師表刻七尺珉不遂與日月照映哉但其文與事海內士所指而唾罵者實玩不忍釋手孰謂書一藝也又曰余始喜明皇泰山銘見此而帆然自失也漢法方而瘦勁而整寡情而多骨唐法廣而肥媚而緩少骨而多態漢如建安唐三謝時代所壓故自不

得超也此語得評書三昧弁識之

晉將軍周孝侯碑

宜興周處碑元美考據極詳大都謂碑文記處以身殉國死戰矣而忽又云元康九年因疾捐館前後不續孜吳晉俱無元康年號且贈處將軍賜葬地給其母醫藥酒米等皆永平七年戰歿時事其後十五年建武元年乃謚孝侯而碑併作建武年事建武元年陸機已歿安得文及之葢碑前陸機撰下有空石後人妄增羲之書

以重其價耳又碑後云唐元和六年歲次辛卯義興令
陳從諫重樹此石協律郎黃某書尤為可疑余則謂碑
中有唐元和重樹等語實出黃某所書其人習右軍者
後人見似右軍遂加羲之字陸平原文不及謚孝侯事
重書刻時或以意增之耳而以身殉國以下元康九年
等語錯簡則不可曉豈陳從諫刻後又有刻者亂之耶
然不應謬妄至此今但以其書有右軍遺意姑存之以
待博識者

後魏魯郡太守張猛龍碑

猛龍為魯郡太守郡人立碑而頌之正書虬健已開歐虞之門戶碑首正書大字十二尤險勁又蘭臺之所自出也猛龍不見史冊據碑諱猛龍字神囧而金石録有劉乾碑諱乾字天魏人名字如此亦異矣

後魏修孔子廟碑

李仲璇為兖州都督修孔廟建碑事在興和三年史官稱之是時高歡與宇文泰方確鬬闗洛而東魏又當遷

都之際仲璇乃能改修孔廟崇尚文儒賢矣碑正書時作篆筆間以分隸形容奇怪攷古書法大小篆謂之篆東漢諸碑減篆筆有批法者謂之隸以篆筆作隸書謂之八分亦謂之隸正書謂之今隸亦謂之楷然則如此碑篆耶分耶古今隸耶

後魏豆盧恩碑

史恩附兄寧傳曰永恩今據碑蓋以字行耳碑稱保定二年贈柱國大將軍涪陵郡公史稱贈少保幽冀等五

州諸軍事幽州刺史謚曰敬似當以碑為正碑在咸陽

恩墓前隷書令尹王公家瑞求得之余摹一紙多不堪

讀而王公所刻金石遺文尚存強半蓋從碑下録之耳

後魏周惠達碑

此與豆盧恩碑皆咸陽令王公所得視豆盧碑稍完隷

書王公刻其文止缺三十三字而搨本則不可讀矣碑

首大魏故司空匡穆周公之碑銘篆書十二字宛然如

新按史傳與碑畧同碑具當時贈謚而史無之史但云

開皇初追贈蕭國公云

後周華嶽頌碑

碑文万紐于瑾造趙文淵書按瑾唐瑾賜姓史稱其著碑頌數十萬言此其一也而文詞殊無超拔其稱趙文淵云雅有鍾王之則筆勢可觀宇文泰時命文淵與黎季明等刊定六體嘗至江陵書景福寺碑梁主稱之又以題榜功增封邑除郡守後雖外任每須題榜輒復追之竇泉賦云文淵孝逸獨慕前蹤至師子敬如欲登龍

有宋齊之面貌無孔薄之心胸然則文淵書在當時固自知名此碑天和二年造正其書路寢等榜後也故官稱趙興郡守云碑字小變隸書時兼篆籀正與李仲璇孔廟碑同亦褚河南聖教歐陽蘭臺道因之所由出也江陵景福寺碑不知存否此則完好無一字磨泐固文淵之幸哉文淵史避唐祖諱作文深

隋安喜公李使君碑

奉天鄉人掘得此碑樹之上官村廟前余過觀搨二紙

隷書亦自遒逸而碑頗完使君涼武昭王之後祖景超員外散騎侍郎父通逸使持節東南道都督狄道縣開國子季父琰之出牧荆郡使君仕開府儀同三司使持節邛州諸軍事邛州刺史安喜縣公開皇十六年卒十七年樹碑皆歷歷可讀而獨闕使君名按使君與唐同宗官亦不卑隋史無傳遂不可攷使君祖父季父獨琰之見魏書耳因知史官闕略如此類者不可勝計也

隋海陵公賀若誼碑

此碑正書方整精健是唐初諸人前茅在興平縣文廟宋人磨其陰刻夫子廟記而此文止存十三閲曾完好一縣令苦貴人之摹搨使捶去之誼事見隋史本傳兹不贅云

隋龍藏寺碑

龍藏寺即今真定府龍興寺碑尚存碑書遒勁亦是歐虞發源但碑立于開皇六年是時齊滅已久而張公禮尚稱齊官何也又碑稱造寺者太師上柱國大威公之

世子使持節左武衛將軍上開府儀同三司恒州諸軍
事恒州刺史鄂國公金城王孝儹史傳逸之遂無所攷
隋陳明府修孔子廟碑
陳明府名叔毅字子嚴陳宣帝子為曲阜令修孔子廟
仲孝俊為文樹此碑碑書亦頗有漢魏分隸法而集古
録金薤琳瑯俱不載唯金石録有之且都元敬謂隋碑
少傳自云嗜好垂三十年止得皇甫君龍藏碑姚辨志
江夏磚塔記四種皇甫碑唐刻以是觀之都才有三種

余所録乃四碑并常醜奴誌李淵記為六而皇甫智永不在其中安得起元敬于九原而誇示之

隋智永真草千字文

智永傳其家逸少法無一筆不合此刻于大觀間精良可寶也南部新書永居長安西明寺寫千文八百本但是律召調陽乃真蹟葢草聖召字似吕故俗本誤作律吕調陽徐散騎亦誤為吕夫以閏餘對律召是其義也今本正作召字

隋常醜奴墓誌

醜奴始平人為都督滎澤令大業元年卒誌在興平崇寧寺壁間為童子摩挲幾平余搨一紙書亦不大佳但以隋物存之興平即古始平今不知墓所在

隋李淵為子世民祈疾記

此唐高祖也記稱鄭州刺史李淵為男世民目患先于此寺求仏蒙仏恩力其患得損敬造石碑像一鋪願此功德資益弟子男合家大小福德興足永無灾障弟子

李淵一心供養後署大業二年正月八日按是時太宗才九歲耳而史稱高祖為譙隴岐三州刺史不曰鄭州此亦可以證史之闕

隋皇甫誕碑

皇甫君名誕殁于隋而碑立于唐以子無逸貴也于志寧撰歐陽詢書王元美謂比之信本他書尤為險勁是伊家蘭臺發源余謂其勁而不險特用筆之峻一變晉法耳可為楷法神品碑舊在鳴犢鎮今在西安府學戊

子余君房督學作亭覆之丙申亭圮壓碑中斷碑故剥
二十餘字至是又亡其五十餘字余所收乃未斷時搨
本深寶惜之

石墨鐫華卷一

欽定四庫全書

石墨鐫華卷二

明　趙峸　撰

跋四十三首

唐刻石經攷

漢靈帝光和六年刻石五經文于太學講堂此初刻也蔡邕以熹平四年與五官中郎將堂谿典議郎張訓韓說太史令單颺求正定六經文字帝許之邕乃書丹刻

石立于太學門外此再刻也魏正始中又立古篆隸三體石經古文用科斗鳥跡體篆用史籀李斯胡毋敬體隸用程邈體此三刻也魏世宗神龜元年以王彌劉曜入洛石經殘毀崔光之請補之此四刻也唐天寶中刻九經于長安禮記以月令為首從李林父之請此五刻也文宗時鄭覃以經籍刓繆建言讐刊準漢故事太和七年勑唐元度覆定石經字體于國子監立石九經并論語孝經爾雅共一百五十九卷字樣四十卷開成二

年告成此六刻也又孟蜀亦刻九經謂之孟蜀石經朱
晦翁所引石經是此
按六朝以前用分隸今石經皆正書且多用歐虞書法
知其爲唐人書矣禮記首月令尊明皇純字諱尊憲宗
又知其非天寶以前人書矣然則今西安府學石經乃
唐文宗時石經也舊在務本坊韓建築新城棄之于野
朱梁時劉鄩用尹玉翁請遷故唐尚書省之西隅宋元
祐中汲郡呂公始遷今學嘉靖乙卯地震石經倒損西

安府學生員王堯惠等按舊文集其缺字别刻小石立于碑傍以便摹補又按唐書謂文宗朝石經違棄師法不足觀然其用筆雖出衆人不離歐虞褚薛法恐非今人所及惟王堯惠等補字大為紕繆今華下東生文勇家有乙卯以前搨本庶幾稱善焉 右本喬景叔説

唐晉祠之銘

唐得天下後太宗祠晉侯而為之銘晉侯者周唐叔後霸天下者也據碑高祖起兵時嘗禱于晉侯之祠而以

是報享之太宗製文并書全法聖教序蘭亭而縱橫自如但石理惡歷年多其鋩鍛之存者無幾耳

唐李英公碑

公陪葬昭陵碑文高宗製并書行草神逸機流後半尤縱橫自如良由文皇藏右軍墨蹟如蘭亭之類極夥故其父子青宮萬機之暇一意模倣以至此也碑首御製御書四字大類褚登善余曾至碑下見碑高大過房杜諸臣豈以陛下家事之一言而為是以報之耶

唐萬年宮銘

萬年宮即九成宮改名高宗幸而銘之書之也行草視英公碑尤為勁拔

唐萬年宮碑陰題名

碑陰云奉勑中書門下見從文武三品以上并學士并聽自書官名于碑陰後列從官五十餘人長孫無忌李勣褚遂良輩皆與焉書名大小不倫然皆有法即契苾賀蘭亦不草草一時之盛令人仰想其後武氏亂之而

不復可觀矣

唐景龍觀鐘銘

景龍觀者中宗所作景雲二年睿宗為之鑄鐘製銘也字正書而稍兼篆隸奇偉可觀鐘今在西安府城鐘樓

唐紀太山銘

元宗御製并書文詞雅馴而分隸遒逸婉潤最為得意之筆刻在太山高崖字大六七寸石方三丈極不易搨王户部堯年為彼中司理見餉一紙如獲明珠王元美

云余嘗登泰山轉天門見東二里許穹崖造天銘書若鸞鳳翔舞于雲烟之表為之色飛惜其下三尺許為搨工惡寒篝火焚蝕遂闕百餘字云

唐元宗注孝經碑

此碑四面以蟠螭為首鑿嵌精工故非後世所能開元帝書法與太山銘同潤色史惟則老勁豐妍如泉吐鳳為海呑鯨非虛語也後有李齊古表行書亦佳同勒諸臣名字字不草草至如行押數十字尤豪爽可喜乃知

前代帝王留心翰墨如此

唐昇仙太子碑

武曌淫横千古而亦假借柔翰天之生才于彼何其不靳也此文未必真出后手當是北門學士語碑首昇仙太子之碑六大字飛白書作鳥形亦佳飛白書久不傳于世此其僅存者耳

唐述聖紀

碑立乾陵今倒仆折為數段止存兩段耳據金石録武

后製中宗書字法遒健深得歐虞遺意非中唐以後所辦也

唐集右軍聖教序并記

此碑為百代書法模楷今時尤重搨者無虛日風骨鋩鎩俱無存者形似耳然其筆意隱然可尋余曾見舊搨十數本獨長安一田生本為善今已為按察僉事劉公餘澤索去餘皆不及也余所收本乃二十年前物較之今搨猶勝真可寶惜王元美曰右軍真蹟自禊帖外不

應行法大小匀整乃爾且梵字多所不備小小展縮偏
傍湊合所不免也又曰元奘既託之文皇懷仁又託之
右軍以不朽其業即令達磨師見之不滿一笑耳
唐三藏聖教序并記
此以序與記分刻二碑于慈恩寺塔下分東西兩龕置
之風雨與童牧俱不能及是以能久而不毁書法遒健
然用筆輕細后署永徽四年書似不及同州本
唐三藏聖教序并記

此以序記并書一碑在同州道逸婉媚波拂處乱如鐵
線後署龍朔三年書似勝慈恩本
右二碑王元美考年代官品以為不合署名處疑皆後
人附益良是但元美未嘗至關中遂不知二碑所在耳
余又按玉海太宗製聖教序高宗為太子又述記并勒
碑置慈恩寺浮圖永徽四年十月褚遂良書則大塔本
似是真蹟而同州本反勝何也

唐九成宮醴泉銘

歐書皇甫君道勁此碑婉潤允為正書第一碑已殘缺余曾見一舊搨已為貴人攜去浙中余所收乃二十年前物近復致得數紙其中被縣令使石工鑿三十餘字則余本又為難得矣宋趙子固謂率更化度醴泉為楷法第一今歸然獨存者醴泉耳化度寺在朱雀街今禾黍離離無復蘭若之迹不知碑亡在何時每至其地悵然者久之

唐孔子廟堂碑

評者謂虞永興書如層臺緩步高謝風塵又如行人妙選罕有失詞觀此碑果不虛也賈躭相公云孔子廟堂碑青箱至寶今碑巳經五代翻刻尚爾則當時可知但碑巳斷泐在西安府學余嘗至其處見碑傍一片石取視之則碑之破裂者如此恐後人不復得見此書可勝慨哉

唐集右軍殘碑

此碑斷缺棄西安城南隍中王生堯惠輩見之以語郡

守昪置頖宮碑為大將軍吳文立宏福寺僧大雅集右軍書余觀其筆法去聖教遠甚應是集字者不及懷仁而碑中有開元九年字疑又從聖教序諸刻中摹集非右軍真蹟也

唐昭仁寺碑

碑在長武縣朱子奢撰無書者姓氏余觀其筆法大類廟堂廟堂豐逸此稍瘦勁廟堂五代重勒此伯施真蹟也歐公亦不言誰書鄭樵直以為伯施都元敬謂必有

據而曹明仲曰歐陽通書通書道因諸碑殊與此不類
按舊唐書貞觀三年詔建義以來交兵處為隕身戎陳
者各立一寺令虞世南朱子奢等為之碑此破薛舉處
也又通本傳少孤母徐氏教以父書儀鳳中始知名貞
觀三年至儀鳳元年四十八年道因碑書在龍朔三年
去貞觀三年亦三十五年則此非通書明甚而虞與朱
同事其為虞書亡疑曹明仲又以虞恭公碑在宜祿巡
檢司虞恭公温彥博也陪葬昭陵碑正在醴泉宜祿巡

檢司即令長武縣明仲蓋誤以昭仁爲恭公耳且恭公
碑亦是信本書非通也明仲之誤如此據其言者可謂
無目

唐少林寺碑

碑首太宗文皇帝御書七大字分書出開元帝中刻太
宗征王世充時移寺主并軍民檄所謂御書即此也但
其中止世民二字以渴筆草書塡之餘皆正書不類文
皇而開元帝以爲御書賜額何也下方則裴漼公撰

述寺之始末并書濉負文筆號霹靂手不以書名而此文殊不及書書法秀勁其得意處漸升伯施之堂矣

唐北嶽廟碑

碑鄭子春撰崔鐶書鐶無書名此碑分隸道逸直當韓蔡雁行而無樹碑年月攷其時張守珪鎮幽州當在開元之末耳諸家無録者何也

唐元元靈應頌碑

中南樓觀宗聖觀尹喜宅也元宗夢老子真容得于此

玉真宮主為道士居于此故此碑述夢事以及玉真歸
羙唐室倉部郎中戴璇撰序户部郎中劉同昇撰頌開
府儀同三司尚書右僕射曾孫戴伋書書法分隸頗豐
潤第骨力乏耳稱曾孫為璇也然則碑云天寶元年建
不知追成頌序之日而稱乎抑亦當伋時乎伋官僕射
而史不書遂無從攷

唐宗聖觀碑

此與前為一碑而刻其陰陽為唐刻此則為元翻刻按

碑建于武德九年歐陽詢撰序陳叔達撰銘爲神堯祀尹喜作也分隸書無書者姓氏書法故自佳經翻刻失其筆意耳王元美云叔達以黄門侍郎判納言事而此碑云侍中蓋武德三年改納言仍爲侍中宰相表則叔達以二年正兼納言九年十月坐事罷而傳遺之當以此碑爲定

唐房梁公元齡碑

碑已泐僅存六百餘字褚河南正書結法與聖教序同

可寶也舊唐書諱喬字元齡碑曰諱元齡字喬當是以字行后復以名為字耳新唐書從碑

唐申公高士廉塋兆記

碑僅存三百餘字攷金石録許敬宗撰趙模書碑稱公諱儉字士廉則公亦以字行但房公名喬字元齡以字行而碑曰諱元齡字喬歐陽公嘗以為疑云新唐書房元齡字喬以高公塋兆記觀則喬果為字乎此似未見房公碑者趙模在貞觀中以書名嘗與諸葛貞臨蘭亭

刻石者此書方整秀逸大類歐虞惜不全見碑側題字數行亦半泐其一云會昌四年五月四日六代孫尚書左丞元裕拜云云瑩所其一云六代孫正議大夫行給事中上柱國渤海縣開國男食邑三百戶賜紫金魚袋少逸云云謹附名題于碑側會昌四年五月十五日按唐史稱元裕少逸相代兄弟迭處禁中又曰會昌中少逸為給事中然則此正兄弟相代時也而史不書少逸封爵且又不言二人為士廉後唐世重氏族豈其譜逸

耶二人立朝亦非没没者非此幾令申公不得有其孫矣

唐虞公温彦博碑

信本此碑字比皇甫九成差小而結法嚴整不在二碑下王元美曰如郭林宗標格清峻而虚和近人攷温公卒貞觀十一年是時信本年已八十餘而楷法精妙如此虞伯施嘗謂信本齊紙筆豈亦齊老少耶惜碑已殘后世不復見耳

唐中書令崔敦禮碑

此碑久仆少傳于世余起而搨之有千餘字于志寧撰文名氏尚存據金石録無書者姓氏而書法方整圓健與王知敬書李衛公碑如出一手或當是知敬書金石略以為于立政書未知是否崔公先名元禮高祖改敦禮字安上金石録曰崔安禮誤

唐祭酒孔穎達碑

此碑于志寧撰不著書者名氏其書全習虞永興而結

法稍疎自非中唐以後人所辦黃長睿亦云世傳爲永興書非也祭酒殁后永興十年乃學永興法者書也碑半没土中據集古録已謂磨滅而摘其與史傳不同者傳字仲達碑字冲遠碑與魏鄭公同修隋書而傳不著傳又不著穎達卒時年壽今碑字冲遠與修隋書事尚如新年壽字半泐隱隱可讀云貞觀二十二年六月十八日薨春秋七十有五然則歐公所有碑與今碑畧同數百年間豈無剥蝕之災且昭陵諸碑多不可讀而孔

公碑獨尚如此或公有功于六經而鬼神呵護之耶

唐李衛公靖碑

碑下半磨泐上半完好考金石録為許敬宗撰王知敬書知敬書在當時固自知名評者謂與房元齡殷仲容伯仲余觀此碑遒美直是歐陽率更虞永興之匹敵也歐陽永叔謂碑云為安撫使史云為撫慰使碑靖為刑部尚書時行太子左衛率封衛國公時授濮州刺史酧其爵邑子孫承嗣后雖不行皆史宜書余考前二事誠

如歐公但舊唐書傳有改封衛國公授濮州刺史仍令代襲例竟不行等語宋祁修新唐書削之但曰改衛國公耳歐公正與宋公同事何得云宜書不書也且舊史云本名藥師碑與新史皆作字藥師公又有弟名客師豈先名藥師后改曰靖而以藥師爲字耶

唐褒公段志元碑

公封褒國公時亦授金州刺史見舊唐書而新唐書亦削之何也且史云志元父偃師至鄆州刺史碑云散騎

常侍益都縣開國公贈洪州都督八州諸軍事謚信公碑云志元從破薛舉劉武周云云而史不書碑云謚忠壯舊史同而新史曰壯肅其剌謬不合如此惜碑全者僅半尚未得詳考耳至如碑書撰俱無名氏書法雖方整不無少遜崔安上李藥師碑然于正書中時作一二筆分隸是六代遺習

唐中書令馬周碑

此碑在大道傍周墓前殘缺為甚存者僅四百餘字非

篆額字存幾不知為馬周碑今摩碑者多不摩額是一恨也據金石録許敬宗撰殷仲容書仲容名書此碑分隸有法雖存者少亦足以觀矣

唐莒公唐儉碑

此碑在昭陵東南最遠而地僻故傳者極少余至其下摹一紙真行書輕圓秀勁卓然名家惜無姓氏攷舊史官為立碑碑雖殘缺后有夫人河南元氏又有皇唐開元廿年等字或開元時始建碑耶似不可曉

唐太常卿薛收碑

此碑殘缺存者數十字耳碑額題太常卿汾陰獻公據史永徽間贈太常卿而不書謚見史之佚者多也碑書法亦類王知敬趙模而無名氏撰者據金石録為于志寧

唐芮公豆盧寬碑

寬欽望祖也高祖改其姓為盧氏永徽中復姓豆盧氏有子懷讓尚萬春公主又有子仁業即欽望父也史不

為立傳但附見欽望傳中碑已殘泐僅數十字無從攷其始末幸碑額亡恙知為寬碑正書精健有法而無名氏撰者據金石録為李義甫

唐薛公阿史那忠碑

碑泐其存者稍倍于豆盧寬碑亦以額識之而書法更勁拔在永興河南間惜撰書俱無名氏可攷耳

唐尚書張後允碑

碑額題故禮部尚書碑已殘其可讀者有云故金紫光

祿大夫張允有云二十三年除散騎常侍出陪鑾輅有云第四子巽第六子小師竝早亡第五子律師泗州司馬云云孜唐史儒學傳有張後允即其人而碑曰張允豈字後允耶舊史無字而新唐書曰字嗣宗然則後字衍耶碑書撰俱無姓氏書法精健是得河南之支流而開平原之門户者

唐左監門將軍王君碑

碑書勁健可録額題左監門將軍王君而多泐其存者

有云武德九年授内侍有云貞觀四年遷右監門將軍進爵為公有云尋加正議大夫内使如故有云吐谷渾據龍沙有云又出使吐蕃有云二十二年遷使持節云云其人蓋宦官而曾與李衛公同征吐谷渾者也碑缺其名而史亦不書當是唐初尚無觀軍容使之權耳

唐將軍張阿難碑

碑書大似李衛公碑殘泐特甚中有云内侍汶江縣開國侯張阿難又有云銀青光祿大夫内侍汶江縣開國

侯張又有云勇冠三軍掃定河汾等語其人葢宦官而曰勇冠三軍得無溢美乎唐初開國宦寺為公侯魚李之禍兆矣

唐褚亮碑

亮遂良父也由陳入隋由隋入唐八十八卒碑已殘闕不可詳攷分隸與馬周碑如出一手疑亦殷仲容書遂良能書非仲容輩恐不得汙其父碑也

唐姜遐斷碑

遐者謩之孫行本之子史但附兄蔺傳云弟柔遠美姿容善敷奏則天時至左鷹揚衛將軍通事舍人内供奉寥寥數語亦不云名遐遐之子即姜皎而撰書遐碑者乃簡之子晞代簡襲行本爵為郕國公者也書全法登善而結小弱碑上段已亡止有下一段棄墓側余摩而錄之按游景叔刻昭陵圖止有姜碓墓碓行本名史亦云行本陪葬昭陵而俱不及柔遠何也

唐蘭陵公主碑

蘭陵公主太宗第十九女名淑字麗貞駙馬都尉慶州諸軍事使持節慶州刺史扶風竇懷悊太穆皇后孫銀青光禄大夫上柱國竇德素子也史書竇氏二十餘人無德素名而公主傳但言悊為太穆皇后族子而已此碑亦可以備史之闕撰者據金石録為李義甫無書者名姓而方整勁拔亦歐虞之流亞也

唐涼國公主碑

此蘇頲撰開元帝分書帝書潤色史惟則而此碑稍肥

要之一變漢法者也公主碑名花莊史作華莊先封仙源嫁薛稷子伯陽伯陽坐父稷流嶺表再嫁溫彥博曾孫曦史遺曦不書而碑諱不言伯陽

唐許洛仁碑

洛仁附見許世緒傳末數語碑載甚詳但半泐不可讀正書極似隋賀若誼碑方整有之而勁拔則當遠遜顏平原

唐乙速孤昭祐碑

昭祐名神慶本姓王氏太原人五代祖顯魏驃騎大將軍賜姓乙速孤遂為京兆醴泉人曾祖貴隋河州刺史仁和郡公祖安益州都督父晟唐驃騎將軍代有顯人神慶高宗時為太子右虞候副率檢校左領軍將軍上柱國以卒史不立傳且不復姓王氏不可曉碑苗神客撰釋行滿書書亦勁健有法然不及王知敬趙模諸人

唐乙速孤行儼碑

行儼字行儼神慶子也墓相去不十餘步二碑並峙余

皆摩之而因以知神慶尚有子行儼仕為右武衛將軍也碑為劉憲撰白義晊分書書亦跳拔宜居韓蔡之亞攷歐陽公有神慶碑而未見行儼碑且前碑五代祖五字甚明而公以為闕文或所見偶闕本耳

石墨鐫華卷二

欽定四庫全書

石墨鐫華卷三

跋四十六首

明 趙崡 撰

唐郭敬之家廟碑

碑在今陝西布政司御題額顔魯公撰并書敬之汾陽忠武王父也夫以汾陽家廟得魯公手書千載而下猶有生氣其文與書又非所論也但其碑在役人雜遝之

所雖歸然壁上而不無磨蝕之憂然以二公之靈鬼神呵護有由來矣

唐郭敬之家廟碑陰

碑陰具述汾陽兄弟子孫始知汾陽兄弟九人皆列大位不止史所稱幼明一人而已且汾陽封拜與史小異錄具左方碑正書陰作行書不審亦出魯公否觀其筆力似非魯公不能也

按碑陰子儀武舉及第授左衛長上改河南府城皐

府別將又改同州興德府右果毅左金吾衛知隊長上又改汝州魯陽府折衝長上知右羽林軍又遷桂州都督府長史充當管經略副使又改北庭副都護充當四鎮經略副使又除左威衛中郎將轉右司禦率兼安西副都護改右威衛將軍同朔方節度副使改定遠城使本軍營田使又加單于副大都護東受降城使左廂兵馬使又拜右金吾衛將軍兼判單于副都護又拜左武衛大將軍兼安北副都護橫塞軍

使本軍營田使又兼充天徳軍使安北副都護又兼豐州都督西受降城使右廂兵馬使改衛尉卿兼單于安北副大都護靈州刺史攝御史中丞權充朔方節度關内支度營田鹽池押諸蕃部落副大使知節度事六城水運等使又拜御史大夫餘並如故又拜兵部尚書同中書門下平章事兼單于安北副大都護靈州大都督府長史節度等使餘如故又特加銀青光禄大夫又拜司空餘如故又充副元帥餘如故

又拜尚書左僕射同平章事兼武部尚書餘如故又
加朔方管内採訪處置使又加司徒封代國公食實
封一千户餘如故又兼中書令司徒兼靈州大都督
府長史單于鎮北副大都護朔方節度等諸使餘並
如故又充東京畿及山南東道并河南等道諸節度
防禦兵馬元帥仍權知東京留守判留司尚書省事
餘如故又兼邠寧鄜坊等兩道節度使又封汾陽郡
王知朔方河中北庭潞儀澤沁等節度行營兼興平

定國等軍兵馬副元帥仍充本管觀察處置使餘並
如故加實封五百戶又加實封二百戶又加實封二
百戶又充關內副元帥餘如故又兼上都留守餘如
故又兼河東副元帥河中節度本道觀察處置等使
兼河中尹餘如故又兼靈州大都督單于鎮北大都
護充朔方節度大使及關內支度營田鹽池押諸蕃
部落等使六城水運使管內觀察處置使餘如故又
拜太尉兼河西副元帥通和吐蕃等使餘如故又拜

尚書令兼中書令餘如故

史稱子儀初授左衛長史累遷單于副都護振遠軍使又以天德軍使兼九原太守又為衛尉卿靈武郡太守又加實户七百頗與碑不合碑立于廣德二年十一月子儀是時年六十八歲官止于尚書令兼中書令故不及攝冢宰尊尚父等事但史言子儀辭尚書令碑乃實書之且通鑑拜尚書令在十二月此前一月書當是史誤

唐多寶佛塔感應碑

魯公正書惟此碑最著以其字比諸碑稍小便于展玩耳而結法視東方讚家廟碑似覺少遜王元美曰貴在藏鋒小遠大雅不無佐史之恨信然碑舊在興平千福寺不知何時移立西安府學中

唐將軍臧懷恪碑

魯公此書偉勁而骨稍瘦于家廟諸碑皆可重也王元美云臧懷恪再為王晙蕭嵩兵馬使積官右武衛將軍

封上蔡縣侯三贈至工部尚書以子希讓貴故也兄懷亮至左羽林大將軍懷恪有子七人咸貴而希讓至尚書節度魯國公碑稱兄弟子姓勛賢間出自開元至于天寶乘朱輪而拖珪組者數百人而史不為傳故聊載之

唐東方曼倩讚碑

此碑在山東陵縣王元美曾得舊本余所收乃長安故家者小小磨泐當與元美家搨本同書法峭拔奮張固

是魯公得意筆也元美謂東方生蹟固奇詭夏侯文亦有壺公蒯子意獨公書嚴整未稱不若留右軍寫其情性可也余則謂魯公以忠義而好神仙小説載公殁後指甲金色透出手背又寄家人手書事雖涉怪誕而亦可以證公深于神仙之術固東方生千載至契也然其筆却無物外姿態不如書汾陽家廟大是本色

唐顔氏家廟碑

李陽氷篆額顔魯公撰并書石四面環轉製法精工廟

不知在何處後燬宋初有李延襲者語郡守移置文廟

此書結法與東方讚正同勁節直氣隱隱筆畫閒

唐中興頌碑

磨崖中興頌碑自歐陽公集古錄已謂其歲久剥裂字多缺殘好事者以墨增補之王元美最博雅乃云字畫方正平穩不露筋骨當為魯公法書第一豈元美所見乃崖石真本耶余獲一紙恐是棗刻雖筋骨不露而神氣全亡惜不得至永州崖下一證之

唐八關齋會碑

此宋州將吏為節度使田神功項疾愈作齋會也神功故非良臣徐向等媚其主帥非佳事而魯公為撰為書何也乃其字法大徑三寸許方整遒勁不減曼倩讚家廟碑

唐干祿字帖

此本模刻最多此亦模本也故魯公面目十失八九攷歐公集古錄開成中已有楊漢公模本矣漢公謂工人

為衣食業故摹搨多速損歐公云公書為世楷模而此字書辨正偽謬尤盛傳所以損爾世人所傳乃漢公模本真本以不完遂不傳然則真本不知在否但得漢公本似猶勝木本也又讀王元美跋乃謂無一筆縱緩藏之為臨池指南元美好古或宜有真本耳抑亦漢公本耶

唐爭坐位書稿

魯公草行不知何時上石石已泐矣而法猶可尋王元美云無一筆不作晉法所謂無意而文從容中道者也

又云公剛勁義烈之氣文不能發而發之于筆墨間余嘗謂公學不如其人于麻姑壇記見之詞不如筆楷不如行有意不如無意于此帖見之而都元敬乃謂草草之筆亦為摹刻目中有筆余不能不服膺元美

此碑雖泐而顔公筆法宛然近董氏摩入戲鴻堂帖乃云陝省者不足觀而自謂存魯公法度今以余觀董氏刻視此則神亡多矣

唐顔真卿奉使題字

魯公行書奉命來此事期未竟止緣忠勤無有旋意又作二語云人心無路見時事只天知宋刻同州下有公小像不知原刻在何處然觀其詞意乃使李希烈時也亦足悲矣

唐華岳題名

凡二紙其一則乾元元年顔魯公自蒲州刺史除饒州與監察御史王延昌穆寧評事張澹華陰令劉暠主簿鄭鎮同謁題魯公真書其一則上元元年華陰令王宥

前令王紓丞王沐尉李齊權傾鄭縣簿張彬尉竇彧下邽丞李演尉邢渉處士王季友張彪著作郎孟昌原法曹參軍李樞同謁題年月上方用小篆姓名下方用分隷皆樞書老勁不作俗筆歐陽公集華岳題名自開元至清泰五百餘人今存者止此耳為之一慨

唐顔真卿斷碑

華州王氏掘地得石一片云員外郎瑯琊顔真卿書又有云都官郎中東海徐浩篆其餘數十字則不成文不

可知何碑但其字法雖嚴正而鉤磔處不及魯公他碑
存之以俟考

唐雲麾將軍碑

北海書逸而遒米元章謂其屈强生疎似為未當此碑是其得意者雖剥蝕過半而存者其鋩鍛凜然碑在蒲城楊用修謂已斷正德中劉遠夫御史以鐵束之又謂已亡朱秉器又謂良鄉亦有此碑蒲城者為趙文敏臨書今蒲城碑尚在未斷無有鐵束事且蒲城李思訓墓

處北海真蹟的非文敏所能良鄉本肥媚文敏書無疑楊朱二公未嘗至蒲城而朱公尤為瞽斷

唐岳麓寺碑

此碑俞仲蔚謂勝雲麾王元美謂殘楮斷墨猶足傾倒眉山吳興余初未見一日遊長安有書賈持一碑來售余知其為北海書亟伸之則岳麓寺碑也雖漫漶然筆意猶存亦不能勝雲麾差伯仲耳雲麾下半已無字上半存者乃如新此碑雖首尾皆可讀而鉤磔波撇不復

可尋當是石理有堅脃也

唐葉有道先生碑

北海分隸固自道逸雖于漢人不無小遜而與梁昇卿韓擇木輩逐鹿未知死誰手矣又趙明誠録二碑一為邕行書一為韓擇木八分書此正分書而曰邕不知何故豈后世翻本者未見邕碑而以韓書附會邕名耶書以俟考

唐淄川公李孝同碑

孝同者淮安靖王神通之子史但附名神通傳末碑亦磨泐可讀者才半中有云太宗爲秦公孝同隸焉承閒啓王曰秦公瞻視非常功業又大雖非儲貳必膺寳歴靖王心然之云云此亦可爲先見矣撰文姓氏已不可求書者據趙明誠爲諸葛思楨今亦磨蝕但其筆法虬健波拂處大類褚河南可寳也

唐祝府君碑

此祝欽明叙述其父綝之碑也綝字叔良功名不顯以

欽明貴故豎碑欽明仕中宗朝建議皇后助祭天地其人品殊無足稱但碑書法是習伯施登善而有得者非近世能書家所及趙明誠已云姓名殘缺矣

唐李劍州廣業碑

廣業即孝同之孫為劍州州長史長子國貞為王元振所害者次子若水仕金吾衛大將軍通事舍人功名俱不顯以國貞子錡貴始樹此碑考之史國貞原名若幽而附若水于李齊物傳云齊物族弟不言為國貞親弟又

孝同碑云有子瑱此碑云雲麾將軍璲公之烈考則廣業家世歷歷可尋至錡以叛遂亡此碑貞元二十年立后五年錡始叛也王元美謂書撰人皆不可考今碑中有云謂雲逵嘗學舊史云云而前署撰者官刑部侍郎當是鄭雲逵孜雲逵正與李錡同時撰文亡疑但碑又云上柱國原武縣開國男雲逵傳不及或史略之耳書者則誠不可考書法則是徐浩敵手

唐于大猷碑

此碑僅存強半書法全出登善峻拔遒健可為傳法而書者名氏遂不可求惜哉按大猷志寧之孫立政之子志寧之元孫休烈顯于肅代朝傳云休烈父默成沛縣令早卒合之正為四世但不知默成者是大猷子否趙明誠有默成碑今不可得見矣

以上四碑皆在三原北原余觀其書法皆可寶藏而知者最少且四人家世明滅史冊間故為稍論著云

唐贈池州刺史馮公碑

此當是道士馮道力父名仁闕字太元道力與劉成祖占元宗當受命潛布款誠開元中拜道力銀青光禄大夫冀國公而又拜其父朝散大夫使持節池州諸軍事池州刺史也開元十一年五月卒十一月壬申葬咸陽北原建碑今在長陵西碑云意得元珠謀參黄石同心戴舜以為天子蓋指元宗受命事也書者為國子監丞郭謙光謙光又嘗書韋維碑見鄭樵金石略朱長文古碑考則其書亦小有聲者此碑分隸自是名家惜剥蝕

不可搨余與王咸陽從碑上録之王公刻入金石遺文
字多舛謬攷道力與劉承祖同事承祖開元十年坐姜
皎事配雷州詔百官不得與卜祝之人往來而道力父
尚爾建碑禍不及耶以道力事不顯故參攷而著之

唐臨淮武穆王李光弼碑

張少悌書在當時不大知名而此碑殊勁拔清圓深得
右軍行草遺意惜殘缺不完且于李公中興偉略不得
一一證之唐史耳

唐西平忠武王李晟碑

碑在高陵縣王墓前裴晉公撰柳誠縣書已磨泐不可讀矣都元敬全録其文止缺數字又别本有刻者與碑亦牴牾數字當是傳寫之誤王元美云是時西平諸子皆已逝獨太保聽存乞晉公文寥落不能發其忠義戡定之績至于料吐蕃背盟事絶不載蓋聽于其時徒見晉公禄位勲業之盛幾埒西平意其文足以光顯其先而不知晉公雖非忌者自以為位宰相文崇簡要體當

如是而于西平之元功偉略十不著一二嗚呼今碑首云奉勅撰書序末云乃命臣度稱代言時似非聽乞也元美豈未讀全文耶都元敬又録其官時與史不合者極詳今抄具左

碑謂晟由左清道率歴三府右職累遷至光禄太常卿傳則云特授進試太常卿碑謂晟為涇原四鎮北庭節度都知兵馬使代宗徵之以左金吾衛將軍為神策軍兵馬使傳則云以右金吾衛大將軍為涇原

四鎮北庭兵馬使碑謂晟平蜀還授檢校太子賓客
而傳不書碑建中二年以晟為神策先鋒都知兵馬
使加御史中丞尋拜左散騎常侍兼御史大夫傳則
云晟為神策先鋒加檢校左散騎常侍兼魏府左司
馬尋授御史大夫碑謂皇居失守授晟檢校工部尚
書充神策行營節度使傳則云詔拜神策行營節度
使碑謂大駕再遷加檢校右僕射尋轉左僕射同平
章事兼京兆尹神策軍京畿鄜坊節度觀察等使管

内及商華等州副元帥復詔晟兼河中晉絳慈隰節度使又兼京畿渭北鄜坊丹延節度招討使又進京畿渭北鄜坊商華兵馬副元帥傳則云進晟尚書左僕射同中書門下平章事復詔晟兼河中晉絳慈隰節度使又兼京畿渭北鄜坊丹延節度招討使又進京畿渭北鄜坊商華兵馬副元帥碑謂鑾輅爰歸拜司徒兼中書令俄以本官兼鳳翔尹鳳翔隴右節度觀察等使及四鎮北庭涇原等州副元帥改封西平

郡王傳則云拜晟司徒兼中書令尋拜鳳翔隴右涇原節度使兼行營副元帥從王西平郡晟之碑作於當時而史成於後代要當以碑為是

又碑所記公子十二人史云十五人亦當從碑

唐蘇許公碑

蘇許公瓌武功人景雲元年十一月葬于武功碑隸書剥蝕過半存者才十三書法猶有漢魏遺意金石略云盧藏用書而金石録云藏用撰書攷文苑英華藏用撰

序張説撰銘今碑后猶有范陽張説字鄭趙二公未見耶

唐契苾明碑

明契苾何力子也婁師德製文殷元祚書筆法亦瘦勁可觀碑中契苾何力作河力史謚曰烈碑謚曰毅疑史為誤碑中叙明子前曰長男嵸后曰聳二字自相牴牾且明長子嵸襲封涼公而后云孤子息涼國公嵩立又何也明葬于萬歲通天元年碑立于先天二年仍稱大

周草命仍用武氏製字都不可曉

唐段行琛碑

此碑名不著而書法遒逸豐美極是當家書者為張增增無書名亦可以知唐人能書者多矣非此碑則后世不知有增也按碑行琛者忠烈公秀實父忠烈兄弟四人長祥頡次公次秀成次同頡史傳不著因為拈出碑又不署撰文者姓名豈即張增耶忠烈公汧陽人碑在汧陽完好可搨趙明誠金石録又有一碑云楊炎撰蕭

正書與此不同而却無此碑豈段公有二碑耶存之以俟考

唐尚書馮宿碑

此碑柳書結字小差勝元秘塔碑尚不堪與薛稷雁行楊用修云亞于廟堂碑過矣大都柳書筋骨太露不免支離宜米南宮之鄙為惡札而宣城陳氏之笑其不能用右軍筆也

唐王忠嗣碑

忠嗣殁于天寶初碑立于大歷十年元載撰文王縉書載忠嗣女夫縉王摩詰兄也縉名能書結法老勁真可與李邕伯仲然姿態婉媚啓后世如趙承旨諸人書者此等碑也

唐田仁琬德政碑

此蘇靈芝書靈芝武功人生開元天寶閒書與胡霈然齊名霈然書評者謂其格力不揚今霈然書不可見見此碑可以得其概矣大都源出聖教而肥媚為多尚不

及王縉書王清源公碑而宣和譜擬之季海伯施季海不足論但恐伯施于地下笑人

唐夢真容碑二種

此蘇靈芝書按碑開元帝夢老子真容求得之中南之樓觀愽州刺史李成裕奏准諸州同勒石則此碑天下皆刻之金石略載之云未詳所在余此碑并田仁琬碑得自鄉人之守易州者或在易州今中南樓觀亦有此碑亦靈芝書文同而易州碑稱奉勑旨宰相牛仙客樓

觀碑稱張九齡按碑此事在開元二十九年閏四月九齡自二十四年罷相二十五年左遷荆州長史二十八年薨未嘗生至二十九年也似當以易州碑為是樓觀碑經宋翻刻字畫不及易州三舍豈亦謬易其姓名耶

唐姜嫄公劉廟碑

碑在邠州張獻甫為節度作廟祀姜嫄公劉者也高郢撰張誼書郢事李懷光能引譬忠義不為勢屈卓然名臣獨為相時不能制王叔文輩耳文尤冗弱殊無足稱

張誼于書家不甚著此書不及王縉而略似柳公權亦足存也

唐孔子廟詔表碑

此高祖高宗詔各一通祭文一通太子宏表一通皆分書金明昌中暴風折木壓碑仆趺損而碑不損刺史高德裔易趺樹之行書題六十五字于后王元美曰其行筆不甚精工而時有漢意乃知古法自開元帝始盡變也

唐修孔子廟墓碑

此李北海邕撰而張庭珪書邕文不及書此碑是已庭珪名書書小史謂邕文必致珪書而評者有古木崩沙閑花映竹語觀此亦未的然但書趙盾作趙遁何也

唐贈太師孔宣公碑

此崔行功撰孫庭範書行功嘗書開元寺千佛記者庭範無書名而此碑分隸是唐初法亦有漢魏遺意可與唐詔表碑同觀

唐孔温裕修孔廟碑

温裕孔子三十九代孫能以私俸奏請葺廟宜蒙嘉奬矣碑賈防撰文聊略未稱書者無名氏而亦有顏清臣柳誠懸遺意不作惡札

唐兗公之頌碑

兗公顏回也字子淵碑避高祖諱作子泉都督李庭諱命縣令張之宏撰頌包文該正書書道健有法石惡多泐耳

唐華岳精享碑

此唐開元帝遣蘇頲禱雨華山有應而建碑也作者為主簿咸廙書者為御史劉升升見金石略僅二碑而遺此今觀其隸古遒逸有漢人遺意五代以降求此一批法不可得矣

唐昭告華岳碑

韓擇木以八分名昔人評之曰雖姿宇不至峻茂而嚴正可畏杜子美云尚書韓擇木騎曹蔡有鄰開元以來

數八分觀此碑良是碑文韓賞爲補闕禱華岳而作大要與神盟欲忘身奉國其詞則余無取焉

唐述聖頌碑

碑在華陰縣岳廟中達奚珣撰序呂向撰頌并書不著年月攷呂向開元中召入翰林此碑稱集賢殿直學士當是開元中立碑云藻翰自天發揮神化建碑于廟以光寵焉又云樹之平地嶷若斷山六龍盤薄糺其上羣神離立負其下當是頌元宗所建華岳碑也今其碑已

裂趺尚存如山上存二字大可徑四寸許分隸不減太山銘而呂向此書尚完在一道士院中向書昔人稱其草隸峻巧又能一筆環寫百字號連綿書又云歐鍾相雜自是一調筋骨乾枯精神嶮峭今觀此碑雖勁健自喜然不堪與登善作衙官

唐碧落碑

段成式謂此碑有碧落字故以名李肇謂此碧落觀也故名李漢謂終于碧落字而名歐陽公謂其宮有碧落

尊像文刻其背故名碧落碑董逌攷其地原名碧落觀改龍興宮以李肇說為是其書雜出頡籀鍾鼎欵識或以為陳惟玉書或以為李譔李譔書皆不可辨洛中記異録又云刺史李諶為毋房太妃追薦造像成有二道士來請書之閉户三日乃開化二白鴿飛去篆文宛然像背此說尤恠誕然李陽氷觀之七日而不忍去學之十二年而不成其妙如此豈易知哉又一說陽氷毀其佳者數字而去未知然否篆文原刻像背州將以不便

摹搨別刻置廟中今所傳皆摹本也其文曰有唐五十三禩龍集敦牂歐公謂爲高宗總章三年董逌謂爲咸亨元年按總章三年三月始改咸亨耳

唐碧落碑釋文

釋文鄭承規書咸通中立書法方整甚有歐虞遺意

唐李元諒昭德懋功碑

李元諒者駱元光賜姓名也以朱泚之亂能鎮定華州將徙治隴右故華州人感之行軍司馬董叔經請于天

子立碑述頌也張濛撰韓秀弼分書秀弼手筆固是君家尚書公嫡派而碑頌駱公詞無虛溢並可重也駱公封武康郡王謚莊威舊史不收見新唐書此所謂事增于前者也

唐邠國公功德銘

此宦者梁守謙造經于興唐寺而護軍中尉楊承和為銘之書之者也書全法歐陽蘭臺方整老勁所不及者結構小疎耳但頌宦者功德乃謂淮蔡之功十居其七

將令裴李諸公何處生活

唐嵩陽觀碑

嵩陽觀聖德感應頌乃道士孫太冲為明皇煉丹六轉而移緱氏山九轉而李林甫紀其瑞徐浩書其碑者也碑作于天寳三載是時開元之政已斃而林甫以姦佞為詞本無足採但浩分隸與史惟則輩幾欲伯仲矣

唐元秘塔碑

塔為大達法師建者碑裴休撰柳誠懸書書雖極勁健

而不免脱巾露肘之病大都源出魯公而多踈此碑是

其尤甚者

唐元秘塔碑陰

碑陰僧正言買莊造經堂疏正書亦方整可録正言者

大達弟子也

石墨鐫華卷三

石墨鐫華卷四

明趙崡　撰

跋四十七首

唐不空禪師碑

和尚不空也碑徐浩書浩傳曰父嶠之善書以法授浩

世狀其書曰怒猊抉石渴驥奔泉尤爲司空圖所愛又

嘗論書曰鷹隼之彩而翰飛戾天者骨勁而氣猛也翬

翟備色而翶翔百步者肉豐而力沈也若藻曜而高翔書之鳳皇矣可謂誇詡之極今觀此碑雖結法老勁而微少清逸在唐書中似非其至者

又癸卯歲余過咸陽原有無畏不空禪師墓有塔記作于開元二十五年書法似顔平原已經再刋亡其筆意而敘述無畏過龍河一駞負經沒水隨之入龍王邀入宮講法留三宿經不濕一字又述不空于師子國國王調象象奔逸見不空皆跪伏二事極詳多與禪家所稱

說合又辨西域僧咒傳奕事曰此好事者曲為之詞若果有是正謂邪術不足以疵吾教也又云佛制戒律生草猶不許比丘踐之況說斷人命咒傳于世乎其文可觀因并錄于此

唐道因禪師碑

王元美曰評者謂蘭臺瘦怯于父而嶮峻過之此病如病維摩高格貧士雖不饒樂而眉宇間有風霜之氣可重也余謂蘭臺故學父書而小變為險筆時兼隸分自

是南北朝流風餘韻李仲璇孔廟碑趙文淵所書華岳碑可覆觀也

唐楚金禪師碑

吳通微為學士工行草然有譏其近吏者此碑清圓婉逸雖鉤磔小減而亦微有晉之手度觀者當自得之

唐大智禪師碑

史惟則分隸書竇泉稱其古今折衷大小應變如因高而矚遠俯川陸而必見今觀此碑信是開元間分書第

一手嚴挺之文亦麗則可觀大智師見唐方技傳傳云

開元二十年卒碑云二十四年

唐大智禪師碑陰記

碑陰陽伯成撰記施淨財事而惟則書書法瘦而少態

與前碑異何也

唐圭峰禪師碑

此碑裴相公休撰并書法全出歐陽信本而瘦勁不及

也當時柳誠懸書名動一時乃任篆休自任書亦信能

書矣余不敏竊謂此固當勝柳書

唐隆闡法師碑

此碑行書源出聖教而漸作婉媚纒繞殊乏晉人瘦勁蕭踈之趣碑為懷惲立都元敬云無書撰人姓名碑中有弟子思莊敬想清徹勒兹元琰則碑為惲之徒所撰未知是否而王元美乃曰僧懷惲撰及書頗亦能為其家言筆法尤圓微有聖教遺意今碑中叙惲生死甚備明云大足元年十月二十二日神遷春秋六十有二神

龍元年勑贈隆禪大法師天寶二年建碑又弟子思莊云云如元美言豈惲鬼撰書耶蓋碑首後人妄增懷惲及書四字文理本不屬而元美疑于及字上當有撰字遂誤耳元美博學絕世似未見都元敬金薤琳琅又似未讀竟此碑然謂惲頗能為其家言又似并取其文者至人乃作夢語何也

唐杜順和尚碑

碑在開佛寺董景仁行書亦清勁但小弱耳

唐寂照和尚碑

此碑在咸陽西馬跑泉地中武功康子秀先生過而識之以語土人竪于道旁其後王咸陽移之咸陽城中寺以碑有安國寺字遂改名其寺為安國寺按碑段成式撰僧無可書成式文筆自奇此文為佛言尤奇無可賈島從弟有詩集傳世其書法出柳誠懸而優孟者子秀名梣太史德涵子也

唐御史臺精舍碑

此梁昪卿追書崔湜文湜人品殊汚人薉頰而昪卿尚追書其文何也豈唐世重佞佛湜之立精舍于御史臺適投時好耶但昪卿分隸聲動一時東封朝覲碑史册稱之今觀此碑名不虚耳

唐御史臺精舍碑陰題名

碑陰題侍御史并内供奉殿中侍御史并内供奉監察御史名共六百餘人參差不齊分書者五六人餘皆正書書皆有法不似後世胥吏書也

唐周公祠靈泉碑

周公祠靈泉湧出大五小七凡十二處觀察崔珙奏狀勒石事在大中間石前刻奏狀中刻宣宗批荅後刻珙謝表文詞婉至有盛世風書亦遒健有法且其叙列大似漢人碑例而遜其古質耳如此等碑宋以後恐不能得也

唐濟安侯廟記

記在華州唐昭宗在富平韓建迎之至華自華歸長安

襃建而及于城隍神記為諫議大夫李巨川撰拾遺柳懷素書文固諛詞而楷則嚴整何如君家誠懸具眼者自知之

唐法門寺重修塔廟碑

碑稱天祐十九年是時唐亡已久李茂貞尚稱唐年號又二年而莊宗取梁茂貞稱臣又一年而茂貞死戰爭之時得作此佛事者以梁晉構兵茂貞偷安故也按傳貞先稱岐王莊宗改封秦王據碑則已先稱秦王矣碑

王仁恭書亦精勁有法

唐順陵碑

武三思撰相王旦書碑用武氏製字武三思稱悪猶可而旦亦曰悪旦當發一笑書不知真出旦否方整遒健可録也碑已仆于乙夘之地震而亡于縣令之修河余猶從故家見其搨本

唐本願寺碑

此碑獲鹿孫按察家掘地得之乃鹿泉信士畢瑜造塔

藏舍利者行草亦不惡石理脆亡其眞耳然是唐碑中之最下者

唐武安君廟記

廟在今咸陽東古杜郵起慘刻獨有將畧耳亦祀至今何也壁間記唐乾符五年重修事正書遒勁亦有歐法知唐世官牒無不作佳書也記中所列添置物色有眺子舍一十間沙子三間峯一顏石押衙影等皆不可曉

唐令新誡碑

鄭樵畧有新識碑二一王適篆一劉飛書趙明誠又有三紙歐公有六紙有正書有八分書者余所獲乃一王某行書蓋開元頒行時不但一州刻也碑雖泐甚然書法是深于聖教者

唐陳居士殘碑

武功人有耕而獲斷碑首者題曰大唐潁川陳居士塔銘篆書下有數十字首云居士諱生字善慶正書俱有法居士必佞佛者唐人好佛故死而張大之為塔耳余

所取則以其書法見唐之能書者多也

唐淨住寺文賢像銘

此碑河東裴行純追薦其父母而作碑之存者無幾其分隸頗佳但瘦而不硬且刻手似出唐以後人留之以待博識者

唐縉雲縣城隍廟記

李陽氷為縉雲縣令值旱禱于城隍約五日不雨將焚其廟及期而雨乃遷廟而記其事書固奇事亦奇余觀

其篆瘦細而偉勁飛動若神歐陽公以爲視陽氷他篆最瘦余謂佳處正在此又云世言此石與忘歸臺孔子廟三石俱活歲久漸生刻處幾合故細若然今去歐公又四五百年寧不爲無字碑乎記云祀典無城隍神吳越有之至歐陽公云天下皆有縣猶少今則無縣無之矣且記云自西谷遷廟于山巔又以見城隍廟前朝不必在城中也今西安府西村落大者多有城隍是其遺意

唐李陽氷先塋記

此李氏卜葬李曜卿兄弟三人而弟季卿記從子陽氷書卜地人爲郃權記云偏得管郭之道管謂公明郭則景純也書玉筯經大中祥符間翻刻故不及縉雲碑

唐李陽氷三墳記

此季卿表曜卿三墓陽氷書碑雖無翻刻字字畫法具而神亡似與前碑同王元美乃謂石猶故物故無傳改之譌豈别一碑耶抑未見前碑耶元美自任識書恐于

此碑失之矣陽氷顔魯公家廟碑書作陽氷

唐彌勒佛頌

此房璘妻高氏書高氏又書安公美政頌歐陽公謂字迹如出二手而疑好事者寓名以為奇余未見美政頌此本借自東肇商觀其筆法遒勁信足名家而一經元祐火燬政和間寺主道珍重勒再經大定火燬泰和間寺主元釗又勒鋸鐵都亡僅存形似耳金人闕苑跋語歷歷可証近吾鄉人有為交城廣文者為言碑今又就燬

交城人猶有舊搨本以此觀之當亦非開元刻乃泰和刻也然則碑自元祐至今凡三燬于火矣何高氏之不幸耶

唐宗聖觀主尹文操碑

貟半千之取名謬為應運五百者碑文殊不稱可笑碑叙文操遊太白觀異像以為奇蓋太白名山至今多見靈異不足奇也至謂老子降于壇間萬衆共覩則近誕矣書分隸適古不著姓名且經元朝翻刻失真可惜

唐李靖上西岳書

此好事者誣衛公而為之書詞可笑而唐劉餗言衛公訴神且請告以官位詞色抗厲後有聲曰僕射好去顧不見後果如言以此觀之眞有是書耶又小說載公射獵行雨事殆異人不可以常理論也書三種潞州者崇寧間刻滕縣者紹興間刻西岳廟則近刻筆亦遒逸王元美稱之當是潞州本滕縣者不及近刻又下矣

唐李輔光墓誌

巨雅正書清勁有聖教遺意葬在咸陽東北近涇萬歷中涇岸崩擁水不流三日乃得茲石其銘曰水竭原遷斯文乃傳適符其事可謂奇矣

唐劉光俊墓誌

志高肅撰無書者姓名光俊無殊績可稱肅文亦卑冗書行草如不能縛雞人學扛鼎以唐物故錄之

唐比丘圓滿碑銘

銘石斷殘不能一半棄華嚴寺敗垣中書者不知何人

筆法全出褚登善波拂處乱健絕倫銘內有神龍二年并鎮國太平公主等語當是中宗時人習登善書者

唐大遍覺禪師塔銘

元奘久居西域廣譯佛言唐太宗極尊崇之據史卒于顯慶六年即龍用元年銘則云卒于麟德元年之二月史云年五十六銘云年六十九先葬滻東後移徙樊川北原即少陵原文宗開成四年劉軻撰文僧建初書行草旁勁有法而文亦粗能言師事俱可存也

唐大法師基公塔銘

基公者尉遲敬德之從子也度爲僧譯經于慈恩寺卒于永淳中大和閒始建塔李宏度銘之書者亦建初然其筆法不無少遜元奘塔銘

唐圓測法師塔銘

法師諱文雅字圓測新羅王之孫也唐太宗時人與元奘同翻經論萬歲通天元年卒葬于龍門其徒又分骸葬于南山之巓政和中又改葬于奘公塔左貢士宋復

撰書書亦是宋書之楚楚者而以復不顯故無稱猶怪
銘首稱大周豈以法師死于武后朝耶因嘆武曌淫穢
在唐以高宗故不致削奪而後世猶不唾去之何也

唐大德進法師塔銘

此太子司議陳光撰僧智詳書磨泐僅存形似然其書
法亦是習登善者

唐大德檀法師塔銘

此姜立祐撰而無書者名行草筆法圓健清逸當與建

初大遍覺銘並觀

唐淨業禪師塔銘

正字畢彥雄撰文而無書者名正書法亦習褚登善者

勁拔似之而其鈎磔處稍不及耳楊修齡侍御在長安

日亟賞之遂多搨者

唐張旭斷碑千文

此云張旭書存者數十字牛鬼虵神雖云奇怪然不堪

大令一噱

唐張旭肚痛帖

此帖殊勝斷碑千文十倍當與藏眞聖母三帖同觀

唐草書心經

刻後有跋謂爲右軍書非也王元美考以爲駙馬鄭萬鈞書張説爲之序者見唐文粹又云書雖遒逸而疎縱不入格不中懷素作奴況右軍乎余觀此書筆法不似唐人逗入宋時蹊逕而説序萬鈞書曰學有傳癖書成草聖則萬鈞書自非孟浪者説深于文不應妄贊如此

然則此書恐亦非萬鈞蹟也

余又得心經序于報恩寺壁間唐南陽忠國師述宋九華山僧省言書書全出伯施幾于亂真亟令摹一本裝池于心經之前而藏之

唐懷素藏真律公帖

藏真律公共三帖宋游師雄刻之于石者所謂師游絲筆法也有驚蛇飛電之怳渺有挽强拔山之氣力最奇筆也後刻諸跋大半皆宜刪去李白歌贋作可笑尤爲

此帖之玷

唐懷素聖母帖

此帖輕逸圓轉幾貫王氏之壘而拔其赤幟矣亦元祐年刻刻手極佳與藏真律公帖俱不失素師筆意

唐懷素草書千文

此帖明成化間余肅敏公刻于石者書故横肆以刻手不良遂使素師婉轉清逸之趣十失其五所未亡者骨力耳視前二帖斯為下矣

唐石柱題名

柱八面每面爲三段或四段曰左司郎中曰左司員外郎曰吏部郎中曰吏部員外郎曰司封郎中曰司封員外郎曰司勳郎中曰司勳員外郎曰考功郎中曰考功員外郎曰戶部郎中曰戶部員外郎曰度支郎中曰度支員外郎曰金部郎中曰金部員外郎曰倉部郎中曰倉部員外郎曰禮部郎中曰禮部員外郎曰祠部郎中曰祠部員外郎曰膳部郎中曰膳部員外郎曰主客郎

中曰主客員外郎按唐制二十四司以尚書左右丞領之左右司為之副此皆左丞之屬也題名不及左丞者自五品以下也十二司司各百餘人後題大中十二年十一月書鐫上石柱故自唐初迄宣宗諸名臣多在焉唐諸司官名或改或復或省或復置今不書所改者從舊制也書者不知為何人筆法出歐陽率更兼永興河南雖骨力不逮而法度森然蓋唐世以書判取士顔元孫至以干禄命其字樣故人多習書而歐虞褚薛一代

前茅故人多用其法也柱今在西安府文廟門内

唐兜率天經石幢一

此書大有歐陽率更法志川宗尉掘地得之一字不損可玩也今石在志川府

唐然燈功德經石幢一

此書在香積寺行草亦勁逸然不中與王縉作奴

唐尊勝咒石幢八

余所收尊勝咒石幢凡八紙其一為張少悌行書清圓

秀逸蘇靈芝輩不及也在崇仁寺經堂前以木柵罩之一字不損其一正書無名方整森嚴全習信本而結法稍不如在牛頭寺其六紙或正書或行書都不作惡札然不無遜其腕力也

唐尊勝陀羅尼經石幢十一

凡石幢多書尊勝陀羅尼經余既有此癖遇必摩之而擇其佳者錄之凡所錄十一紙所在詳目錄中但其書法劉慎徽僧無可書者佳餘無名姓然皆與此匹敵者

也關中石幢無數或埋或斷或移作他用深為可恨

唐石鼓經咒

此以石為鼓而週刻之其文尊勝經咒也書適健有法存者不能強半鼓下作石山山上作天王鬼神以戴之斧鑿工甚亦在醴泉縣趙村廣濟寺後疑是唐初建寺時物寺僧不知護持鼓下為溷厠可慨也

石墨鐫華卷四

欽定四庫全書

石墨鐫華卷五

明　趙崡　撰

跋四十一首

宋藍田縣修夫子廟碑

孫穆之者宰是邑修孔廟而進士董儲記僧嗣端書董文靡弱殊無足採嗣端分隸則深得唐人法者後署大中祥符四年皇帝祀汾陰之月考史為二月是時𢍰丹

歲幣三十萬而水發徐兗旱連江淮無為烈風金陵大火帝方且侈天書之妖尋漢武唐元之蹟無怪其後世之不振也

宋修唐太宗廟碑

宋承五季文靡極矣此李瑩奉勅為之者猥冗不稱孫崇望書全出吳通微昔人謂之院體院體即如今所謂中書體蓋謂之也余謂通微書清逸有法得聖教少許結構便是名家崇望猶是通微之亞然在宋初可謂步

趣唐法者矣據碑太祖于時修歷代陵廟而元美題唐
憲宗廟碑謂懲于藩鎮故注意憲宗憲宗廟碑與此碑
俱開寶六年立元美偶未見耳

宋刻昭陵六馬圖贊

六馬贊唐文皇御製歐陽詢書石與文德皇后碑同立
陵後高宗又詔殷仲容别題馬贊于石座則贊宜有歐
殷二公書也今文德皇后碑與歐書都亡而陵上馬無
石座書世所傳圖乃游景叔所刻景叔序云得唐陵圖

記云然楊用修丹鉛録記六馬贊云在秦中殷仲容撰
歐陽詢書又有元學士王惲跋云云其說與景叔小異
或用修所見乃舊石耶然一為歐書刻石一為殷書刻
馬座實出太宗製非殷撰而歐書也游公刻圖盛傳用
修不當未見何㧧牾乃爾今去用修未百年豈舊石頓
亡獨有游公刻耶景叔亦云詢書不復見獨殷書存距
陵北五里今石馬正在陵下不數十武又無座書其非
唐馬無疑然則殷書宋時尚在今亦淪没不可求矣非

游公刻圖誰其知之公又云殷書薛仁杲作仁果以証史官之誤如此類者尚多游公雅善臨池李靖李勣碑陰各有題字草行甚佳而此圖序乃醴泉縣尉刁玠正書深得歐陽詢遺意者可觀也

宋譯三藏聖教序

西域僧天息災譯三藏太宗為序雲勝書天息災無元奘師之奇異太宗無唐文皇之雄才雲勝無懷仁之手腕又無王逸少之殘墨斷楮足供其補綴時代既非不

能超乘而上矣後之為不朽者難哉

宋北岳安天聖帝碑

真宗既封泰山祀汾陰而襃及恒山之神也陳彭年故非端人語多容媚邢守元書亦習聖教而有得者但結體太疎偶遇王縉便當避三舍矣矧右軍乎

宋重修北岳記碑

嘗見王元美稱是碑云魏公書法顏平原而時時露柳骨鋒距四出令人不敢正視亟募而購求之既得再閱

所謂鋒距四出良是但以三公較之似不無少遜顏之方整而偏得柳之奮張居顏柳閒可也何至無二公令人不敢正視乎魏公受遺二世以身繫重輕誠不可及而于書家嫡派恐不敢過枉也

宋勸慎刑文碑

此宋晁迥述自古酷吏循吏之報應以為用刑者勸文冗似黠鬼而書方整勁拔有歐陽率更法稍遜其道逸耳碑無書者姓名以後慎刑箴碑証之當為盧經書

宋勸慎刑箴碑

迥既作慎刑文又為是箴刻石永興軍文宣王廟即今西安府學碑立于天聖中是時迥判西京已年八十餘矣名宴太清樓既醉而獻斧扆慎刑箴是此耶中多為長吏語似非上天子者迥為殿中丞時失入死囚奪二秩故晚年津津慎刑如此耳書碑者進士盧經大有歐法并可存也

宋清淨護命得道經

此碑首清淨經次消災護命經次生天得道經書者始平龐仁顯全習皇甫碑法虬健絶倫置之唐人名書中殆不可復辨但經首乃作菩薩畫像何也

宋摩利支天并陰符經

此碑首摩利支天經前作佛像次黃帝陰符經前作黃帝問道廣成子像畫俱不惡書者為汝南袁正己亦能習歐陽率更法者因以見宋初諸人猶步趨唐矩也

宋郭忠恕三體陰符經

忠恕三體陰符經其二大小篆其一隸也忠恕篆筆匹徐鉉而謂英公又兼工小楷畫品入妙其後又能仙去不死眞異人也余不得見其小楷與畫而于是碑亦足以窺其一斑矣

宋篆書千字文序

英公于篆書獨推李監而陶承旨穀此序亦云陽冰死而夢瑛生其然乎序書出皇甫儼手可謂升率更之堂者

宋夢瑛篆書千字文

瑛書全學李監未似孫教而表正己隸書方勁有歐法與陰符經同非嘉祐以後人所及也

宋夢瑛十八體書

黄魯直云李龍眠得金銅戟于市漢製也泥金六字字家不能讀蟲書妙絶于今諸家未見此一種乃知唐元度僧夢瑛皆妄作耳然則今所傳十八體出英公杜撰非世非古實有之也音釋分隸頗有拙法碑首載贈詩

正書亦勁健皆是英公手耶如此公亦非孟浪者矣

宋夢瑛偏傍篆字

夢瑛在宋初自負篆書故作偏旁字源書而著跋于後大要于李斯諸人皆加貶駁獨推重李陽氷而不免為後世吾子行所譏至謂無所師承即郭忠恕與之同時英所推轂今觀其報書云何人知之惟英公知之似含不足之意英豈為不解也者附其書于跋後何也但其書跋語書忠恕書俱 正書大有信本皇甫碑法始知

十八體釋文并贈詩都出其手毋疑也余合數碑觀英公書似當以正書第一篆次之分隸又次之不知具眼者謂之何

宋夢瑛夫子廟堂碑

瑛于篆體偏旁二石皆繁跋語與忠恕書皆作正書皆方勁有法而此碑忽爾蹶張全用柳誠懸元秘塔法不師其遒勁而師其粗疎所謂眞惡扎也米南宫可作請以是質之

宋登泰山謝天書碑

帝既僞言天書之妄復為泰山之封而作此銘述太祖太宗以及其身語多浮誇文亦拖沓正書僅能方正無少鈎磔想帝亦不能辨此或王旦輩為之潤色而尹熙古之流握管耳碑方廣幾埒開元帝泰山銘字減小不能强半而文筆手腕則不啻泰山之于鄒嶧矣

宋華嚴寺文殊閣碑

閣是柱順禪師藏肉身處宋人重修英公為記何潤之

書英公文靡弱但公自任篆書者其正書極佳乃使潤之書潤之行筆亦不惡結體疎耳未足辱吾寶藏也

宋興平縣保寧寺碑

知遵鑄鐘建樓亦僧臘能事本不足多冉曾為碑為書蓋其徒張大之耳曾文有五季之靡而真行精健大有聖教序法是宋書中之錚錚者

宋元聖文宣王贊

此眞宗東封還過曲阜奠孔子而作碑二方上刻御製

贊下刻加號詔眞行書無名氏疑亦書院待詔尹熙古輩爲之雖不離院體而亦有聖教遺意據碑奉勅諸道府州監各于文宣王廟刻贊并詔不止曲阜余所收乃曲阜碑蓋他處易燬而孔林獨存耳

宋修兗州文宣王廟碑

呂文穆廷試第一後爲賢相此文殊弱不稱白崇矩書大似孫崇望而遜其圓逸二人皆以書待詔者見一時所尚如此

宋玉峰軒記

呂大防總管永興軍創軒于興教寺陳正舉為之記大防名在青史與弟大忠等考禮定約至今傳藍田呂氏鄉約不替獨以軒以記哉今軒已亡記猶在寺壁文與書俱不足稱也

宋三十六峰賦

四明樓异令嵩高賦少室賦不足道而書者為武林僧參寥極得坡公卧筆法道勁古雅即令坡公見之亦當

首肯

宋絳州夫子廟碑

聖教序蓋唐文皇從右軍墨蹟集之而又獲懐仁善手故能師法百代此碑從刻本摹集僅形似耳無論不及聖教即以較吴文斷碑又隔一塵矣

宋于眞養記

此嶶宗為道士于元隱羽化作都轉運使任諒撰記而集唐歐虞褚薛顔柳李陽氷諸書者也亡國之君尚虛

無而忘政治無足言者其書歐虞褚居十之七顏柳薛
才間出或以顏柳字大不倫薛書少故耳李則獨以篆
額集刻俱善但書而百衲殊不足觀存之以備一種

宋集右軍牡丹詩

牡丹詩較絳州碑差覺風流而老勁處不如時有一二
筆纒綿者右軍帖中亡此也

宋普濟禪院碑

碑在汧陽于侍御永清始獲之亟稱賞以為不減聖教

余得一紙觀其書非惟不及聖教抑且不及隆闡法師碑時代為之非書者責也書者為僧善儁署曰習晉右將軍王羲之書其年為大中祥符此時蘇黄四家未出故書雖遜古猶有唐風

宋承天觀碑

觀在眞寧縣唐開元中建宋大中祥符中奉勑重修而尹熙古書之者也熙古書院待詔書正與汧陽晉濟碑同而此出隆闡碑為多碑稱剏造之由開元帝夢羣仙

使求之得石象二十七于此事與元元極類考唐地理志縣本名羅川以得石象改眞寧云

宋刻僧彥修草書

彥修草字詩李丕緒刻之于石曰筆力遒勁得張旭法今觀其書殊無一筆似張長史者王元美曰如淮陰惡少年風狂跳踉良是

宋抄高僧傳序

陶承旨文全之蘊藉英太師書徒爾矜張俱非當家善

乎元美氏之言曰陶法門之畫葫蘆者英筆塚之盜枯骨者蔑以易矣

宋僧靜己書偈語碑

此與抄高僧傳序碑并在西安府學俗并呼抄高僧傳余視之乃某禪師所述偈語語非上乘而書出僧靜己行草甚類英太師疑二碑同時建靜己英之徒也然不免惡札

宋修周武王廟碑

此盧多遜撰孫崇望行書亦開寶六年建蓋與唐太宗廟同時修葺者廟近王陵今廢圯碑不知何時移咸陽城中

宋修周康王廟碑

宋祖葺前代帝王寢廟文武成康皆有之今碑存者獨成康耳而康王碑斷泐不可讀開寶六年建黄遜浮撰孫崇望行書亦與唐太宗廟碑同時而王元美題憲宗廟碑謂宋祖注意憲宗蓋未見周成康唐太宗諸碑耳

崇望待詔書院者一時習尚故不離通微院體也

宋修唐憲宗廟碑

余收宋祖修古帝王廟碑周文武唐太宗暨此凡四而此最後得趙闕撰張仁愿書仁愿與孫崇望白崇矩尹熙古皆待詔書院王元美所謂文與書俱拖沓不足觀者但宋祖以談笑得天下而於古帝王陵廟盡加崇飾忠厚開國規模宏遠矣其事在開寶六年未幾鼎成使得竟其志幽燕何足煩一舉也惜也

宋贈夢英大士詩

贈英公詩者三十餘人陶穀宋白蘇易簡郭忠恕諸人皆在其中而備諸惡道無一首合作宋初人口語如此無論初盛何可令許渾見也書手出廬岳僧正蒙得誠懸法以英公廟堂碑觀是其相知之深者故欲有效於英耳詩中書劉伶作劉靈

宋太平興國宮碑

有神降於鳳翔本無稽之言而侈大之其天書之前茅

乎徐常侍文纖靡直是五季遺習張振書亦拖沓不堪與孫承望雁行

宋同州龍興寺塔碑

寺建自隋而重修於宋開寶之末檀郁楊繼宗也碑内有云府主連帥太師者有曰通總隴右公者有曰觀風譙郡夏侯公者皆不可考作碑者名岵而不言其姓亦無從知之書者并無姓名書法率更方整有之遒逸不如也

宋復唯識廨院記

唯識廨院者藍田故龍泉寺也有洪集者與姚氏共復之而為之碑碑文寥落耳書或正或行或草或無一二筆小篆分隸其草又時作渴筆極奇怪道偉似魯公識縣而時復出入但記者為豫章黃闕 闕其名書者為瑯琊闕 元闕其姓名二字題額者為鄭闕 闕其名立石者為闕 大雅闕其姓諸人名姓無一全者獨刻者張遵姓名亡恙人固有幸不幸哉

宋賜西岳廟乳香碑

高紳轉運荆湖奏請敕賜南岳焚香而西岳并及之據碑南岳諸殿日破乳香一兩西岳諸殿共十一處乃日破半兩古人焚香其儉如此且所焚乳香非今香也碑正書亦有柳誠懸筆意

宋樞密趙瞻碑

趙懿簡公瞻盩厔人卒葬城南四里塋地為耕者所侵殆盡碑仆而泐僅有數十字可辨觀其書法勁健知書

撰人必非沒沒者惜先達爲敝邑志不收其文遂無所考爲之一慨

宋游師雄墓志

游公表章古蹟自周秦以及唐無不有題識至今尚存焉志亦云然志多與史合蓋修史時采志語入也志張舜民撰頗盡闡揚之致書者邵䶮清圓秀勁大足名家所可恨者傷佻耳其書只尺作只赤赤與尺通楊用修以尺牘爲赤牘本之禽經雉上有丈鷂上有赤王元美

又引華山石闕云高二丈二赤平等寺碑云高二丈八
赤而疑其隱僻欲改作尺牘據此志則宋已多用之非
僻也

石墨鐫華卷五

欽定四庫全書

石墨鐫華卷六

明　趙崡　撰

跋四十一首

宋蔡襄萬安橋記

王元美云萬安天下第一橋君謨此書雄偉遒麗當與橋爭勝結法全自顔平原惟策法用虞永興耳余觀此書雄偉遒麗實有之而結似平原無其緊密策似永興

無其秀逸時代爲之非君謨罪也

宋蔡襄荔枝譜

此閩中刻刻手不佳而君謨正書猶有永興遺意蘇黄米三家不及也評者謂士偶蒙金寃矣

宋蘇軾書醉翁亭記

此新鄭公得之嶽廢邸者公命摹刻摹者文壽承故能縱横自如字字不失眞態其眞蹟一入江陵再入大内今世所傳乃摹本耳王元美再三致疑初以爲不似公

書公沒後有王逸老者自欲出懷素上或是其筆又或
陸務觀張温甫輩戲為之後又云渴筆縱筆拂策磔掠
有折釵股屋漏痕法以為公興到書則又不類又云趙
吳興宋昌裔沈啓南吳原博跋是入石時壽承作此伎
倆無一眞者當盡割去之以備一家余蓄有此帖亦時
展玩其中無一筆類長公者但此君筆法雖不能盡脫
宋習却勝長公何不自顯姓名而署長公耶殆不可曉
然謂或為長公興到書則斷無是理也諸跋非眞亦似

有據第無從証之

宋蘇軾書上清宫詞

上清宫即徐鉉作碑述神人降于鳳翔者今在盩厔盩厔昔屬鳳翔子瞻判鳳翔過此要子由同賦薛紹彭請書刻石道逸豐美比公他書尤勝石舊在本宫一道士院中斷為二余與余友徐宣伯偶過觀之搨二紙其後邑侯王公之栩移置衙齋作碑亭焉

宋蘇軾書樓觀詩

詩刻在唐靈應頌碑側遒逸可觀元人以磨泐別摩一碑令時搨者是元刻原碑側字雖不可搨而視此霄壤矣詩則余不敢知為何語也

宋蘇軾仙遊塔題字

塔上有唐畫天王鬼神子瞻謂非吳道子不能而題其下方云云書雖用卧筆而時作渴筆甚有素師藏眞律公二帖比公他書不同即上清詞亦當遜其俊爽

宋章惇草堂寺題記

子厚與子瞻遊而題此書亦用卧筆間作渴筆遊絲法亦適逸可存也

宋蘇元老龍洞記

元老深得君家卧筆法此記亦似之石泐不可讀間有存者數字耳

宋蔡京草堂寺題記

蔡太師故非端人而書自不惡此自龍圖閣出知永興軍祀高觀潭題者考其時與章子厚相繼而至書雖遜

子厚乃兩人濟惡政當同觀

宋米芾蕪湖縣學記

米顚大言于書家少所許可而自作此札側筆縱筆雖極雄傑不免粗疎王元美乃稱其有千金跰躚過都歷塊之氣恐未敢信也

宋米芾第一山大字

此刻在盱眙縣中南樓觀石乃摹刻耳縱逸飛動殊有一夫當關之勢

宋黄魯直狄梁公碑

自古正書法無作傾側筆者晉人法在態中故圓而多逸唐人態在法中故方而多遒宋初諸人猶遵唐矩四大家出而唐法盡變競為傾側矣魯直其尤甚者而昔人乃謂狄公事范公文黄公書為三絶即文正文篇法靡弱與黄公何絶之有試以視裴公文李西平而誠懸書為何如毋言蔡中郎之于郭有道也

宋黄魯直叀齋墓碑

余始謂黄書傾側盡變唐法又得此碑而不覺失席也
碑乃黄書而無一筆類梁公碑者法全出褚登善聖教
序瘦勁絶人筞拂鈎磔幾無遺恨但結體疎少遜登善
耳疑一人手腕豈其懸殊若是且黄他書俱與此不類
何也今世字學出蘇黄者强半遂令唐法不傳不知黄
故自能傳唐法者也至如碑稱夷齊之不立必其宗與
國人有不説者又云二子之事孔孟之所不言不足信
則宋人迂謬之談往往如此

宋黄魯直了元歌

唐故滕禪師作語俚甚似于禪家宗乘未見一斑書亦劣無姓名世謂為魯直疑非是

宋黄魯直草庵歌

此書作行筆稍勝狄梁公碑倔强傾側總不及夷齋碑石頭和尚口語亦殊鄙傖不足再觀

宋薛紹彭詩刻

虞學士集評書謂坡谷出而魏晉之法盡米元章薛紹

彭黄長睿方知古法又云長睿書不逮言惟紹彭最佳而世遂不傳米氏父子世學其奇怪據此似于坡谷之後獨取紹彭也今中南樓觀有紹彭書詩刻余凡得五紙其一書唐人王眞公主莊玉眞觀諸詩小楷法出入黄庭洛神無一毫滲漏其一書蘇子瞻詩其一書其叔辥周詩其一書王工部詩其一書一絶句字稍大或作眞行其法皆自晉唐絶不作側筆惡態眞可寶也紹彭號翠微居士其父師正重模定武蘭亭其子嗣昌刻智

永千文蓋世有書學者伯生之鑒精矣哉

宋李駒遊中南詩刻

李駒通判秦中留題中南而鄠令崔珙書刻石駒詩珙書皆不離宋人本色留之以見時代之下人自不能使超也崔珙是又一人非唐廢相起判鳳翔者

宋草堂寺舍利亭記

記作分隸書腕自遜古而時有一二筆效唐以前人者不堪抵掌

宋慈雲寺右軍書詩

此晉之玉兔寺志應請之張仲尹詩之静萬集右軍書起自文皇聖教後之興者蔑以加矣此書尚不及絳州碑僅存形似耳詩則余不敢知也

金普照寺興造記碑

唐文皇曠世雄才削平海内以其餘力恣意臨池其臣又有率更永興輩共成之故能集成聖教師法千秋自此而後集書未有及之者普照碑建自金時當兵戈草

昧之後有仲汝尚文頗盡致而集公權書方整遒勁緊密處殊勝公權自書不啻與聖教代興碑署仲汝羲刻疑集書即出其手不有君子其何能國金之謂矣碑云寺是王右軍故宅未辨真偽而王元美直以為淮南公捨是又增一妄也

金趙秉文草書刻

趙秉文金禮部尚書號閒閒居士嘗為張天錫序草書韻會云徘徊閒雅之容飛走流注之勢驚竦峭拔之氣

卓犖跌宕之志矯若游龍疾若驚蛇似邪而復直欲斷而還連千態萬狀不可端倪亦閒中之一樂也觀此則其自負可知而此諸詩草法頗似鄭駙馬心經王元美謂不中素師作奴者然則間間其不免元章重臺之誚乎

金博州重修廟學記

王庭筠在金與趙秉文党懷英輩同負書名而庭筠酷似南宫此書是也考是時庭筠父遵古實成廟學事王

去非記之而令庭筠書之故尤為得意篆額者即懷英也

金博州廟學碑陰

此亦王庭筠書其父記字差大結構風骨似不及前筆

金中岳廟碑

此碑正書方整遒勁蓋習清臣誠懸而無運以永興者于金碑中最為妙品書者名郝史不立傳亦無書名觀

其結構王庭筠輩似不及也党懷英號為能書乃任篆額不任書知郝書在當時亦自知名碑立于大定中與博州碑同時世宗勵精政事頗稱太平故以其暇得修祀事耳

金都統經略郎君行記

郎君稱皇弟無姓名天會十二年記當為太宗之弟按金史世祖子十一人自康宗太祖太宗而外尚八人未知誰是碑一字不能辨蓋金人字如是王元美所録明

王慎德四夷咸賓八字正與此同法而此凡一百五字後有譯書漢字具錄左方亦一異也字刻乾陵無字碑上

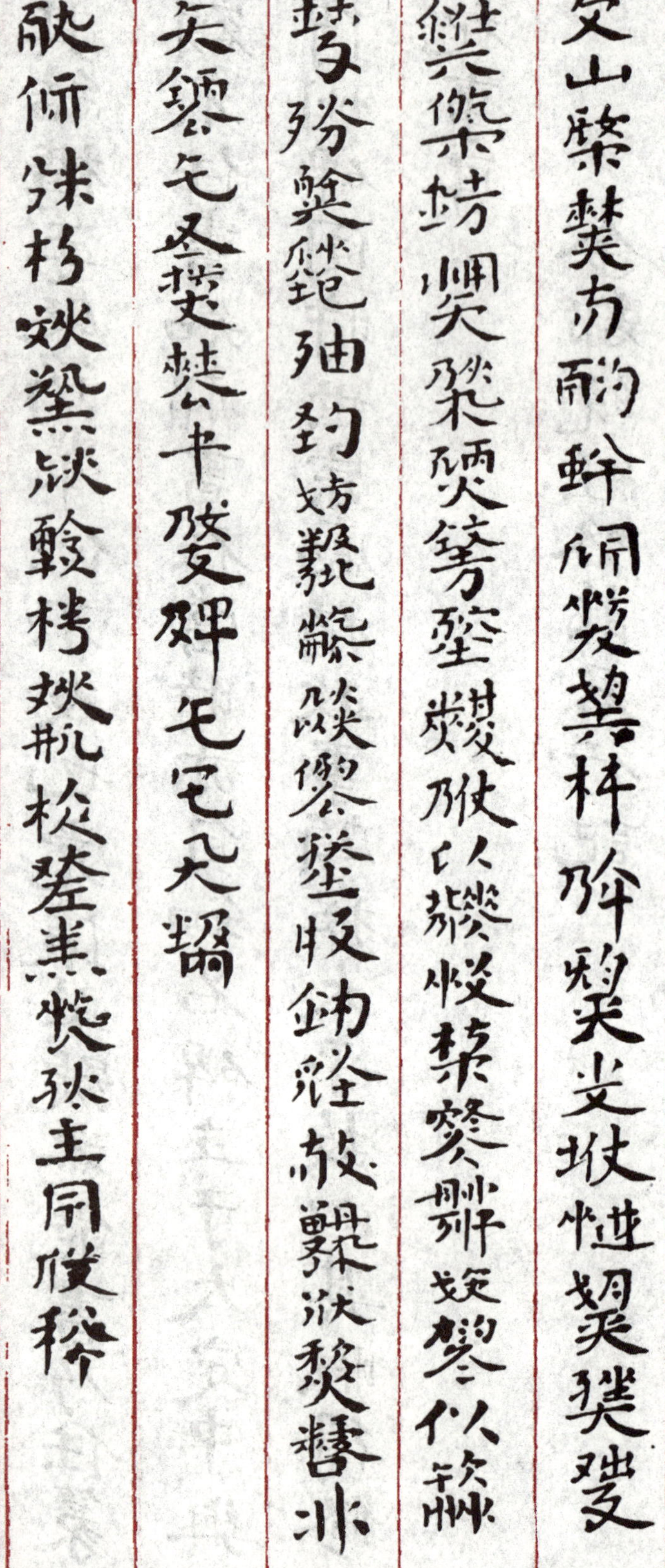

大金皇弟都統經略郎君嚮吕疆埸無事獵于梁山之陽至唐乾陵殿廡頽然一無所睹爰命有司鳩工修飾今復謁陵下繪像一新回廊四起不勝欣懌與醴陽太守酣飲而歸時天會十二年歲次甲寅仲冬十有四日尚書職方郎中黄應期宥州刺史王圭從行奉命題

右譯前言

元集顏書默菴記

默菴者道士邢道安所築而趙良弼為之記菴當樊川之上景色殊佳記亦簡盡可讀集書亦是懷仁之流亞也但苻秦釋道安居川之東南今洞存而邢亦名道安豈其後身耶良弼兩副廉希憲商挺為陜西宣撫參議後陞行省參議未嘗為宣撫使而蒲知常跋曰宣撫使蓋尊稱之詞

元趙孟頫孫公道行碑

此趙孟頫書雖出李北海而加以婉媚所可取者生宋

四家後能一變其傾欹筆耳以方北海北海瘦而勁拙於藏鋒承旨肥而緩巧於取態而元美謂姿韻溢出於波拂間蓋能用大令指於北海腕者其然乎他日又曰承旨可出宋人上比之唐人尚隔一舍此則定論也

元趙孟頫勑藏御服碑

此碑亦腕媚大都如前輩而稍遜其圓逸御服者元成宗感異夢而以賜孫德彧於萬壽宫者也今尚在道士所時出觀之訛為王喆衣者非

元趙孟頫番君廟碑

此承旨暮年筆亦覺老勁而不及孫公碑番君者長沙王吳芮也無大功德而二千年後尚祀不絶何也

元趙孟頫裕公和尚碑

福裕無他異行至贈儀同三司元俗如此承旨書不甚如意圓熟有之而恣態不足亦不及孫德彧御服二碑

元趙孟頫元元十子贊

中南樓觀有此碑石理悪泐已甚字之存者形似耳南

中聞有此碑未知誰是眞本

元趙孟頫佑聖觀記

王元美謂此書規摹北海余得一紙一字不損而肥緩殊乏筋骨摹本耶聊存之以俟知者

元重陽仙跡碑

姚牧菴燧追書金劉祖謙文文頗縕藉而書全法顏平原但波拂鉤磔稍不及因以知勝國時不乏能書者也

元重陽教祖碑

王重陽在金遇異人度為全真其徒丘處機輩為張大其說而行之其道以全真而無禪者此碑為密國公璹撰李道謙書亦模倣平原然尚不及姚燧仙跡碑

元馬丹陽碑

丹陽王喆高足弟子也與其妻俱得道王利用為碑孫德彧書文頗詳腴書亦有平原遺意但用筆過肥不免墨豬耳

元蒙古字碑

重陽萬壽宮元碑無數皆以蒙古字書而以漢字譯之蒙古字法皆梵天伽盧之變也故皆與佛氏真言相類其書亦有佳者有不佳者其署年月處用雙鉤書如今世傳飛白字王元美所載蒙古八字又若符篆草書與此不同不曉何故但歷年既久敝邑有力者多以此為元碑取作他用今存者尚五六碑不能悉錄僅錄一碑文一年月字并譯文具左方與郎君行記同作異觀

[illegible]

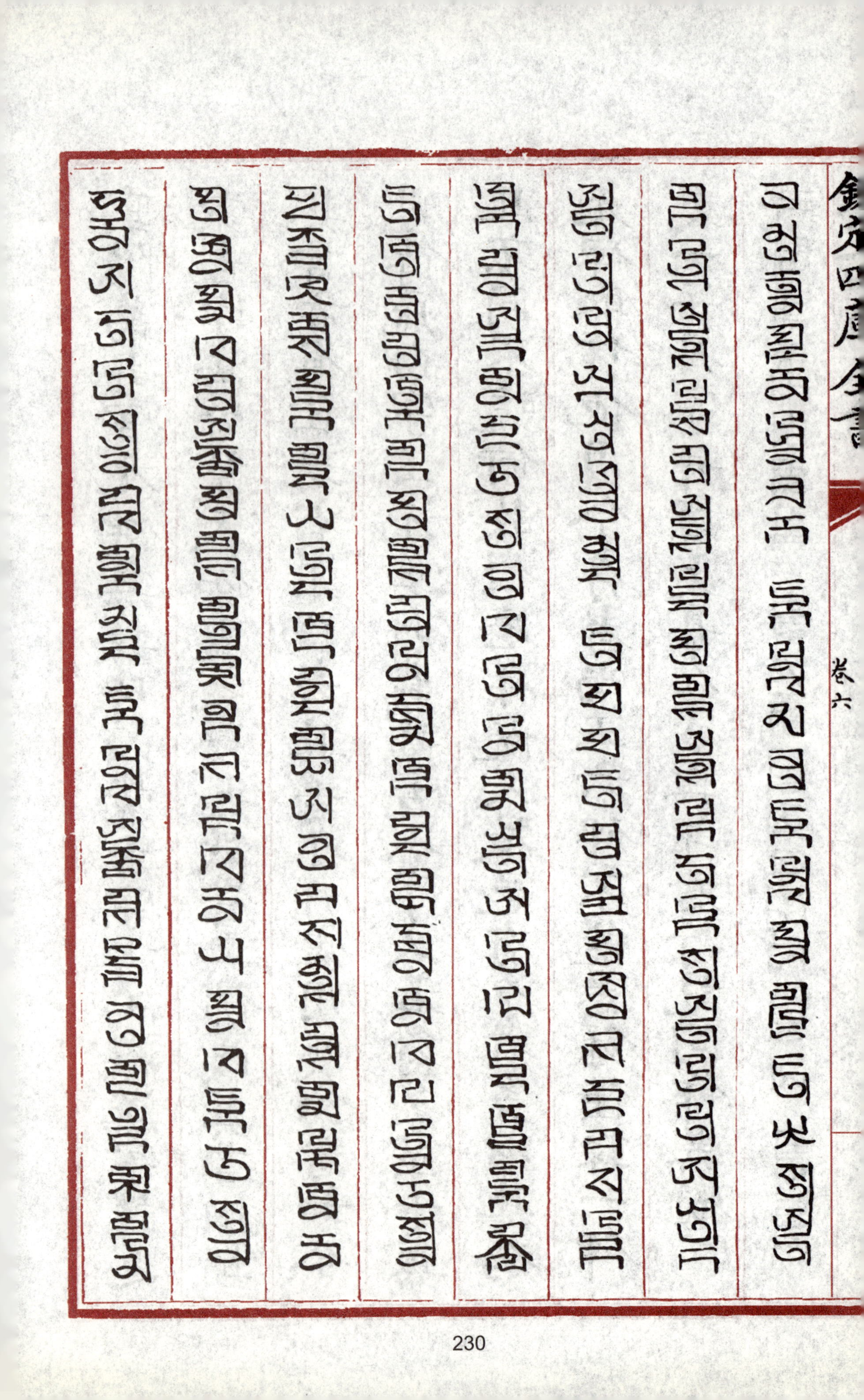

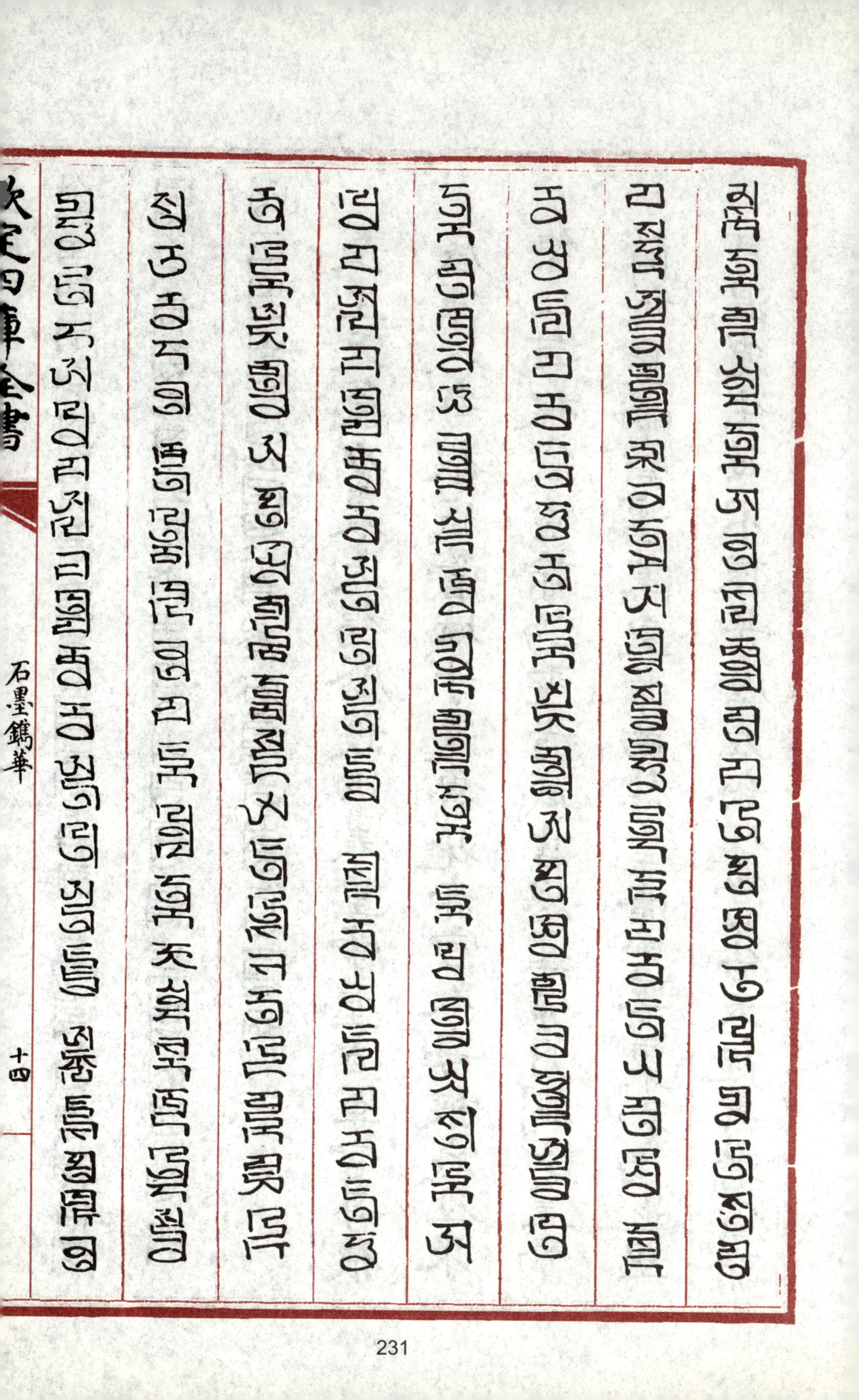

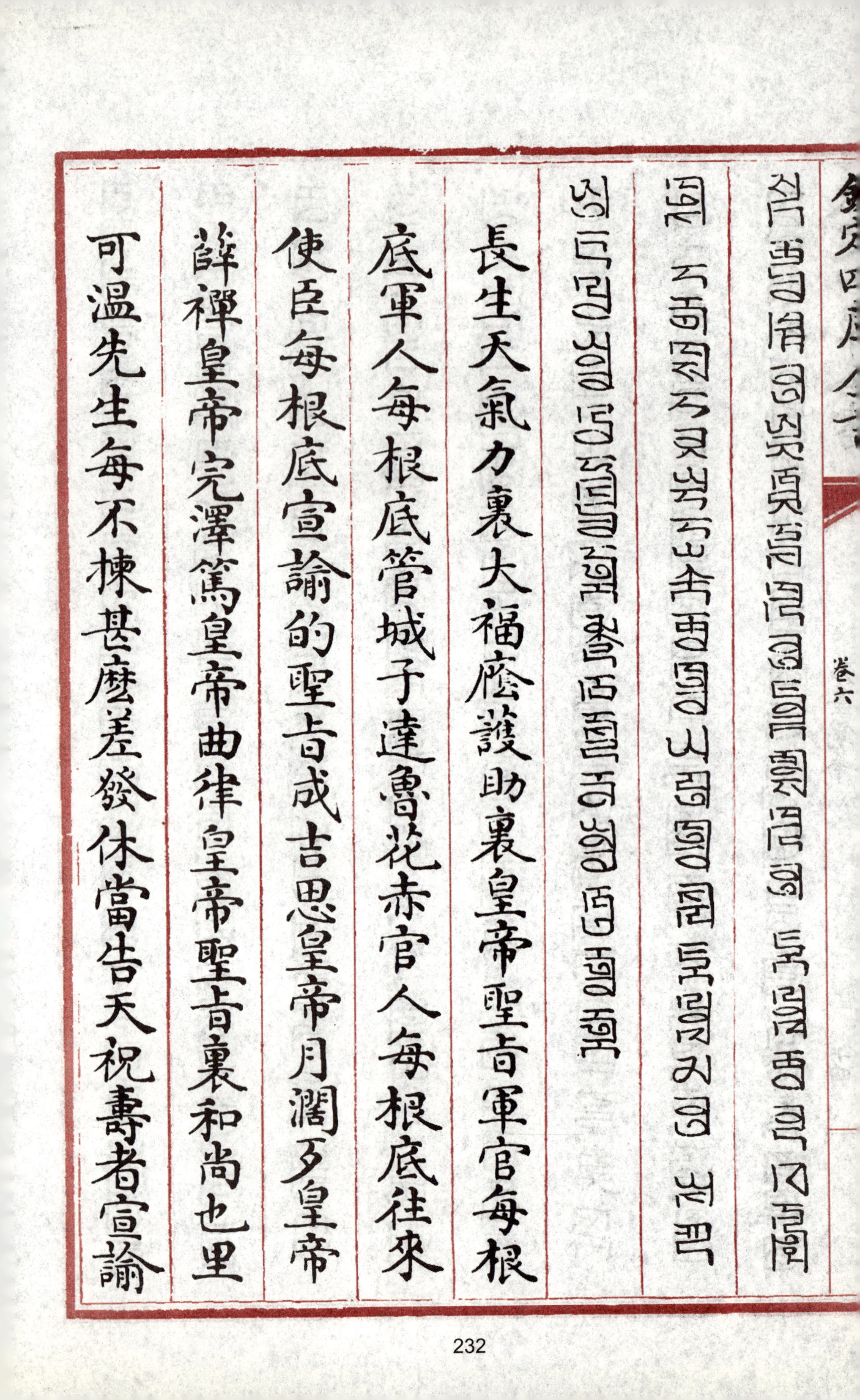

長生天氣力裏大福廕護助裏皇帝聖旨軍官每根
底軍人每根底管城子達魯花赤官人每根底往來
使臣每根底宣諭的聖旨成吉思皇帝月闊歹皇帝
薛禪皇帝完澤篤皇帝曲律皇帝聖旨裏和尚也里
可溫先生每不揀甚麼差發休當告天祝壽者宣諭

的有来如今也只依在先聖旨體例裏不揀甚麼差
發休當告天祝壽者麼道奉元路大重陽萬壽宫裏
并下院宫觀裏住的先生每根底執把行的聖旨與
了也這的每宫觀庵廟裏房舍裏使臣休安下者鋪
馬祇應休着者稅粮休與者但屬宫觀裏的水土人
口頭疋園林碾磨店舍鋪席典庫浴堂船栰車輛不
揀甚麼他的更渼陂甘澇等三處水例甘谷山林不
揀是誰休倚氣力者休奪要者這的每却倚著有聖

甚麽道沒體例的勾當休做者做呵他每不怕那甚

麽聖旨虎兒年七月二十八日察罕倉有時分寫來

至正十八年八月日

至元十四年五月日

右別二碑著年月字如此

元重修説經臺碑

李道謙文記修說經臺事并及老聃之道纚纚數千言格雖卑冗意亦詳盡如謂孔子師承老子孟子不非蒙莊又以武帝信方士淮南好黃白隋唐行符籙至丹藥奇技悉附道家為亂老子皆殊有旨趣碑書出李志宗真行不大佳道謙正書教祖碑雖近墨豬而亦頗遒偉何不自書乃使志宗操筆耶

元希聲堂碑

希聲堂元建在說經臺北下一級今廢而建閣獨朱象

先所爲碑存碑詞卑不足觀而杜道堅書非隷非分去古益遠於法益盭如吾子行所謂挑拔平硬若折刀頭者不復可得殊令人有韓蔡諸人之想

元文始碑

此杜道堅撰書文始先生者尹喜也今殿與碑尚存詞本蕪冗而書與希聲堂碑正同亦弱不足存也

元篆書道德經碑

余所蓄篆書神禹碑壇山石有疑非眞者石鼓文出史

籀於披之恍遊三代下此則李陽氷縉雲城隍廟記為
最葢其字細而遒飛動如神歐陽公乃以細疑之不知
篆正以細為佳如李斯嶧山翻刻子美有肥失真之誚
夫肥為失真則其真正當瘦勁如縉雲碑也不然先塋
三墳亦陽氷手筆何一經翻刻亦肥失真耶其餘如英
太師郭忠恕雖甚誇詡終遜古人高翻者李道謙稱其
善於古篆此書雖出頡籀款識古文大小二篆沾沾自
喜尚不堪郭忠恕一嗤者暇日與諸篆碑同觀而題此

於後不知於法當否

元正書道德經碑

此似出杜道堅李志宗輩而無名氏如枯樹枝無復生意聊與篆碑俱存以備一種

趙崡曰余集古碑自唐以前雖斷殘必錄至宋以後便擇其佳者國朝諸名書不敢概及以待後之博雅君子亦猶歐陽修趙明誠之不及於宋也且以余所見錄古碑者自歐趙而外多憑耳食致使後之人無

所徵信如鄭夾漈之金石略朱長文之古碑考曹明仲之格古論要紕繆十五何以稱焉求其考究精審者於宋莫若黄長睿於明莫若王元美余幺麽雖不能望二公然寧遜博之名不敢不求精之實其撰書姓名所在州郡苟非目見不敢妄書而碑多殘泐不能如趙明誠之以年月叙也遂用歐陽公例隨所得先後略分世代而已至於妄加譏評以貽誚讓使余不佞藉是以不朽抑亦有厚幸焉

石墨鐫華卷六

欽定四庫全書

石墨鐫華卷七

明 趙崡 撰

訪古遊記 三首

一 遊終南

余自髫年躭古法書沈右丞箕仲又謂余集帖數經臨摹其手神無復存者獨漢唐古碑為可重耳余心是其言而胃足一隅以不能博收為恨今五十矣中壽余將就木焉其於腐肉朽骨何有且余最喜山水探奇攬勝

又以不得同志為恨戊午夏四月作石墨鐫華示王甥允濂允濂曰丈人于近道古碑恐有遺者寧可令歐陽脩趙明誠諸君見乎因歷數所見數種余謝不敏要允濂欲與偕出從九嵕而東遊城南遵太乙尋草堂道鄠杜允濂喜甚觧衣起舞曰是所願也遂治餱糧從長安呼一善搨者李守才至將發允濂又請曰丈人居近南山如重陽宮宗聖觀仙游寺據勝地宜多古碑盍先一觀乎余頷之翌日乘二小馬搨工與二僕負楮墨從由

南時村成道宮成道謂王重陽重陽名喆成道于此有仙遺海棠花記記所留海棠活死人墓字出趙秉文書又道行諸碑皆不足觀南出得小逕望重陽宮樓閣出樹杪旭日初升谿水與林光相射不覺洒然至觀諸碑森立唯趙承旨所書勑藏御服孫德彧道行二碑可錄李道謙書敎祖碑王元美所稱精勁有法者暨姚燧書重陽仙跡碑次之蒙古字碑甚多多不能識元美究委餘編所載數字視此如石家珊瑚矣余為一詩已呼道

士出所藏御服製以宮段正秋香色針工精密可左右衽元俗也此服賜孫德彧者碑載甚明傳者以為王重陽重陽金人成道后久而元為之建宮安得服元服德彧死葬南山墓曰孫真人神道碑存傳者又以為孫思邈皆殊可笑也余為一詩已至宮前龍虎殿猶元構木石粧塑皆非今所有丹堊銷沉左壁上方字數行余目不能遠視王甥借一梯讀之云粧鑾功德主本宮提舉孫道和曹漢臣塑胡君貴粧后題至順三年十二月三

日字且漫滅過余而顯亦三人者之幸也向使更數歲不復可尋矣因與王甡歎慨者久之翌日遊樓觀其上太史伯陽父與尹喜說五千言處為說經臺其下唐開元帝夢老子得真容處為宗聖觀宜多唐以前碑今止靈應頌一碑頌真容事天寶間戴伋分書刻北面南面刻宗聖觀記唐人分書甚佳但經元人翻本減弱矣碑側蘇軾書詩并弟轍詩歲久刹蝕元人別摹一碑法視碑側字亦減又員半千撰碑分書亦翻本皆不大佳其

餘如繫牛栢記文始殿碑殿壁閒宋人諸詩又其下者
余止令揭靈應頌碑而與䪺上紫雲樓樓壁閒元人畫
山水極奇偉二十年前尚亡恙今為亡賴子拭去題惡
詩殊增憤恨獨七真殿壁金碧猶存奇偉不減樓壁閒
畫似出一手者既而摩石扉窺玉井登經臺由吕公洞
攀顯靈巖臺上米芾第一山大字趙孟頫元元十子像
賛疑皆摹刻又元人正篆二體道德經皆不大佳而顯
靈山新作元武廟碑則余所撰余謂此山稱顯靈即老

子真容出處不知何以貌元帝謬甚語具碑中已從聞
仙谷將還東至會靈觀觀側葬塔皆宋道士塔銘剝落
不可讀觀中開元帝夢真容碑蘇靈芝書經翻刻余别
收易州一碑亦靈芝書中載姓名與此小異而刻勝之
碑陰蘇軾與章惇共遊題字亦道逸時日薄暮陰雲四
起亟鞭馬馳中途雨至衣盡沾濡玉雖衣单衣以一襆
抱持所搨碑唯恐雨入殊有趙子固實蘭亭之致余大
笑為一詩翌日又遊仙遊寺寺傳是隋文帝避暑宮唐

韓均平詩仙臺初見五城樓者即其地也今為寺入黑水谷五里萬山迴合仄徑依黑水而行大勝樓觀但剏造殿閣不及耳寺下潭曰黑龍停泓淵碧洞駴人心聞宋時每歲遣中使投金龍于中居人言昔深不可測今亦漸淺矣滄海為田當不誣也潭上架一木而過則馬季常讀書洞史稱季常從京兆摯恂隱于南山之陰愽通經籍豈即其地耶而殊偪側不可居不曉所出洞前玉女泉玉女謂秦弄玉與蕭史吹簫于此仙去語近誕

泉即蘇軾剖符所調水亦無他奇但經軾品題遂貴耳寺前小塔俗云逼水塔塔上唐人畫天王鬼神軾以為非吳道元不能今畫與軾題書世稱雙絕越泉洞而上高山障之有徑西出迴視殿閣參差山林掩映龍潭激流鴈塔高跱宛然董北苑筆蓋山之勝至此殊絕矣余觀已與王甥小坐寺中為一詩其他不及詩而歸是役也為日三得唐碑一元碑佳者三塔畫一蘇軾書字二翻刻唐碑二為詩五言古二五言律一五言排律一

二遊九峻

既而將遊九峻求文皇附葬諸臣碑憶馬嵬北五里有隋李使君碑余昔自奉天過看低回久之恨無搨工遂渡渭先之馬嵬舟中指北芒阪上漢帝諸陵往往在目廢丘古城尤近短棹長波相為鼓盪余興發以一詩寫之至馬嵬不及搜餐諸碑碑隸書稍孫漢法而不甚闕獨闕使君名據碑云季父琰之琰之見魏書使君封安喜縣公官亦不卑而隋史無傳不可攷余為一詩居人

有以茗進者先置石蜜數匙于甌而注之甘苦相戰不
曉何物余戲謂王甡倪迂以糖點茶怒人不知其味倘
飲此不稱善予相視大笑翌日馬嵬人競攜食過余索
余書置墨如竈突烟筆如髠髮老面酒内傖父雜坐于
傍閒以寱語余為連書數十紙顧視似閻立本内苑池
上作畫時但對此曹差少羞澀耳是日欲為馬嵬懷古
詩意興殊惡翌日乃于馬上成之過延長寺抵儀門村
訪荀子好善去昭陵漸近亭亭一峯已當吾馬首恨不

即携謝朓驚人句朗吟其顛矣苟子者二十八舉于鄉余以白頭老子對之不覺面慚為一詩以贈是日即拉苟子至昭陵十里高生家高生名儼暨侄爾舟余故人先是余數語以昭陵宜有殘碑生已為問得數種以語余翌日携王甡允濂苟子好善高生儼爾舟聯鑣而行北一里許得許洛仁碑碑書不大佳又北半里許得薛收碑似昭仁寺碑駸駸有伯施法折而西一里許為趙村村有廣濟寺寺后石鼓唐人書尊勝經呪精健絶倫

止存十三攷長安志圖有石鼓興宮而不言所以從趙村北行八里許為莊河村村中聞有一碑未至先于道傍冢得姜嫄斷碑及至村觀碑則段志元碑行間一牧羊兒云碑甚多余犒以金使導東行數十步田間又横一碑則監門將軍王君碑又東行數十步一碑無字亦無冢蓋土人平之而并磨其碑耳以圖攷疑是長孫無忌碑又東行半里許為劉洞村流水界之渡而東一碑則房梁公元齡碑褚河南正書雖存者無幾而明珠寶

玉片屑已足襲藏矣世但重褚河南聖教序而此碑則沉埋斷莽間悲哉又東數十步高士廉碑在焉又東數百步李靖碑在焉撰書姓氏殘缺與諸碑同而上半完好靖冢作三山形文皇以象其功土人謂上三冢李勣冢亦如靖土人謂下三冢二冢南北相去不二里勣碑高宗御書高二丈餘嶄然屹立與温彦博碑搨者甚多土人捶其字殆盡彦博碑在靖碑北數十步歐陽詢書法視皇甫九成化度最為得中而不復可搨余為咨嗟

者久之是日亭午餧甚就西峪村李氏市食李氏食余
而返其值已小坐一廟東南望古冢相連碑甚多就之
則褚亮碑阿史那忠碑張後允碑孔顈達碑豆盧寬碑
張阿難碑鱗次都不百步書與段姜等碑皆有法而孔
顈達碑極類虞伯施但結構小踈昔人謂為伯施書非
也顈達卒在世南后不應世南作書當是習世南者書
之然已優孟矣既而又得蘭陵公主碑于老軍營之西
北得馬周碑于狗村之東得唐儉碑于小陽村之北碑

既多佳余且觀且行搨工遂不相及余語諸君期以三日畢搨乃登昭陵皆曰諸方余之過莊河村觀段志元碑也有趙生文奎村人也聞余至遣要余余謝不往趙生則自追余西峪村余翌日至其家主食其鼎亨僕食其蔬粟馬食其芻茭久無倦色余遂安之為一詩而令王甦携搨工盡搨諸碑孔穎達碑螭首嵌空處有至正四年三月顧游特肴此碑墨書十二字積泥土中拭視如新是一奇也方搨而王生馬忽逸追之馬止處一碑

仆地王甥語余余募人起之乃崔相公敦禮碑大半完好是又一奇也余既不即行則為訪求殘碑仆者起之埋者出之存額者搨額尉遲敬德碑自額以下埋土中聞十五年前令尹芮質田掘而搨數十紙余出之了無一字蓋土人于芮君搨后棰而瘞之耳又山半數冢土人謂宰相墳仆一碑傳是魏鄭公碑山東半數冢土人謂亂冢坪仆二碑余皆起之則與尉遲碑同不知何年棰而仆之也余不勝嗟悼為一詩弔之又有告我以陵

北四十五年叱干村有乙速孤公碑者余與欲飛趙生語余勿行是天將雨余恠之趙生指門前溪水謂余水縮雨徵也盖水從巴谷出村人鑿山引之灌田田皆畒一鍾而以其盈縮占雨甚驗余猶弗信已而陰雲忽起大風拔水驟雨如注山谷應響水泉皆溢如秦王破王世充歸浴鐵萬騎二十五將后從鼓吹聲震長安中余亟為短歌歌之以敵其勢翌日稍霽余與諸君乃上其道有二東曰御道稍平盖唐帝謁陵所由西道仄近莊

河乃從西道土人謂有馬鞍險恐余不能過余至則履若平地然九嵕中一峯為太宗葬處是曰昭陵高不敵中南一小峯而土人遂以為險絶真井魚見也余既至峯下觀歴朝祭碑與翁仲或側或仆獨六馬皆以片石刻其半左右列各三歐陽詢書贊刻石殷仲容又書刻馬座今馬身半刻而無座字製亦不類唐人且太宗以天下全力豈難作一石馬而半刻之耶姑存以待博物者自此益斗絶余獨衣短衣而上王甡先登余老力

衰爲之徐行茍子先至馬鞍山已悸不能置足余掖之至此益悸余又掖之相視而笑既達其巔則分東西二峯見地脈從崆峒來至此界以涇仲山嵳峨障其東涇出山后渭遶其前南則中南太乙亘若列屏平川一帶俯視無際長安萬户城若彈丸矣巉半石洞藤蘿翳之所謂鑿山架閣以入棺者雨驟注不得至爲一詩而下循山北行三十里爲東莊村村人朴野而能食客但其地夏寒四月麥才一尺供具不備客至便刲一羊不然

則割雞相氏者高生儼婦翁也競以酒食來意甚殷余
領之是日午之吃干村村東二冢一為乙速孤昭祐碑
苗神容撰釋行滿正書一為乙速孤行儼碑劉憲撰白
義脛分書地僻搨者少故得稍完亦幸已吃干村之西
南又二十餘里豆盧村陳生庭謨慕余好古聞余至鞭
馬觴余于吃干相見甚驩余即碑下為滿引數觴鄭重
而别是夜宿東莊寒甚余雖被酒猶覆二被視山南别一天地矣為
一詩翌日南行緣谿上下雨氣初開日光磨盪泉聲在耳

山色映人興致殊佳為一詩遂由東道下谷口為烟霞洞傳為鄭子真隱居處涇陽亦有谷口此去涇尤近而漢中又有谷口不知誰是余與王子荀子高子小坐樹下談子真事居人輒答曰村無姓鄭者口占一絕句嗤之是日别高子抵儀門荀子宴余荀子三世同居白叟黄童一家满坐殊令人媿羡翌日南過阿史村村亦有數大家因憶叱干豆盧阿史那皆代北大姓而阿史那豆盧諸人又有功于唐陪葬昭陵此必三族所居而無

所考過此東望茂陵歸然壁上而衛霍諸將附焉想見武帝之盛登臨瀚海勒功燕然似不減李靖斥陰山擒頡利特而俗儒往往訾之殊為可恨略而南阪盡得與平城城上于茂陵九嵕則又皆在指顧中矣余不勝感慨為一詩而與平于子養賢又為言其類宫一碑亟往觀乃隋賀若誼碑宋人磨其陰刻作夫子廟碑元文尚存十五聞昔曾完好一縣令不耐嚴貴人之索取椎其字過半云已又于崇寧寺壁間得隋常醜奴墓誌書雖

不大佳唐以前物可存也是日徐明府聞而邀余飲明府巴縣人先大夫曽貳巴郡今墓木拱矣見明府殊有風木之感明府亦俊朗歡然道故余為一詩謝之而屬之賀若誼常醜奴二石乞置守焉翌日歸是役也為日十四得隋碑二隋墓誌一唐碑二十石鼓一尉遲恭杜淹李思摩順義公先妃陸氏清河公主碑額六為詩五言古二七言古二七言律四五言律三七言絶二

三　遊城南

歸自九嵕之明日王䵍先歸長安余亦以他事不得即東又十餘日乃戒裝至則王䵍有世母之喪余居逆旅以俟之意殊鬱鬱適張生衍祥來翌日與偕出安定門過演武塲遊崇仁寺本名崇聖建自隋唐今為秦邸香火院締構丹碧長安城諸寺不及也俗呼金勝寺經堂前有唐大德檀法師塔銘姜立祐撰石幢尊勝神呪張少悌書皆殊絶余觀已小坐寺中先是王䵍告余以寺西一里許丁知州園掘得唐人墓誌使求之則園已易

主誌磨為他用矣是時余居長安五日長安中諸好余者競携酒過余履錯于户而王户部堯年别余二十年則召余飲且出所藏古碑以贈余余得之而喜可知也又二日王數亦戒裝携張茂中遊城南記偕余出永寧門永寧門西安之南門西安城本隋唐而狹小之記所謂安上啓夏含光諸門皆亡其故處今城四門東曰長樂西曰安定南曰永寧北曰安遠自永寧門至薦福寺三里許寺經廢徙非唐剏塔十五級嘉靖乙卯地震裂

為二癸亥地震復合無痕亦一奇也僧房闃寂多余舊主而余友臨潼楊師震獨買一院稱有髮頭陀居其中余曾數訪之今師震謝世且三年院中荒落不覺潸然為二詩以弔出寺南行又三里許為興善寺前據草場坡所謂横岡之第五爻也雍録長安志諸書皆云隋宇文愷築大興城以城中有六大坡象乾六爻于九二置宮室九三置百司九五貴位不欲人居置元都觀大興善寺以鎮之觀當在寺西寺東又有裴度宅張權輿所

謂宅據乾岡者今觀與宅皆廢獨寺存寺后閣巍然銅佛像并轉經藏疑皆昔時物閣前有唐大德禪師碑額閣上有故按察劉公餘澤詩按察與余最善讀之慘然為一詩以弔出寺東南行又三里許為慈恩寺據記云寺經廢毁殆盡唯一塔儼然則今寺亦非唐剏而塔自宋熈寧火后不可登萬歷甲辰重加脩飾施梯始得至其顛秦山涇渭皆入目中余賦一詩求記所謂唐人墨蹟孟郊舒元輿之類皆不可得塔下四門以石為梲梲

上唐畫佛像精絶為遊人刻名侵蝕可恨東西兩龕褚
遂良書聖教序記尚完好而唐人題名碑刻無一存者
問之僧云塔前元有碑亭乙卯地震塔頂墜壓為碎段
今亡矣又按唐史高宗御製并書慈恩寺碑元奘迎置
寺中導從以天竺法儀其徒甚盛上御安福門觀之記
又謂寺西南一里有李晟先廟碑張彧撰韓秀弼書今
二碑皆亡寺前小渠曲江泉合黄渠水經鮑陂而西聞
二十年前尚有水宗侯誼汜瑩在其北引水作池忌者

塞其泉竭矣由寺東南行一里即曲江西岸江形委曲
可指皆蒔禾稼江南岸王中丞埏構亭遊賞今亦傾圮
江正北一阜故樂遊原今為永興王府塋原下舊有青
龍寺今亦毀江頭古冢隆起數處疑非冢當是唐宫殿
基杏園芙蓉池皆在江西南今不可考余停望久之為
一詩記又謂其西北有楊尚書瑒廟碑李林甫撰王曽
書令狐氏廟碑劉禹錫撰并書今皆亡獨其地呼廟坡
頭如故又東南二里為漢宣帝杜陵陵下為三趙村村

中小冢鳞比疑皆帝從葬者又東南五里為張曲記謂
有蕭嵩墓今數冢未知誰是蓋由曲江逹張曲地漸高
望之自東南一帶迤邐過長安西南皆所謂少陵原也
本鳳棲原以宣帝葬許后起少陵遂曰少陵少陵在司
馬村東其西皆秦王葬地松栢森蔚華表翁仲數十里
相望焉據記張曲之西趙村有論弓仁墓張說為碑已
斷仆無字今亡村中有石翁仲二疑是仁墓上物趙村
西為高望有蕭嵩父灌墓碑張說撰梁升卿書高望之

西北又有仇士良郭敬之昇平公主三碑皆當在十餘里内余欲往尋之王甡曰亡矣乃遂東南行至麗留宿王甡莊莊西半里為秦惠王墓墓前掘得段府君碑碑字皆平隱隱可讀乃唐段志元父也碑額字亦漸平細如處州縉雲碑似是石理漸長歐陽永叔言不誣耳是日大雨翌日霽西南行馬首淨無纖塵山光林影紫翠相暎殊不減山陰道上行五里原盡得興教寺據高原俯樊川玉案山天池寺在其南韋趙三像院在其東韋

杜華嚴諸寺在其西神禾原道安洞惠炬寺橫亘其西南余與王甡坐寺門眺望為一詩遊塔院觀三藏慈恩西明三塔三藏銘劉軻撰慈恩銘李宏度撰俱建初書西明銘宋復撰書呂大防所創玉峰軒以玉案得名當在寺后原半今獨陳正舉所為記在殿壁閣寺僧有穴居者壁間嵌古殿壁一片唐人畫地獄變相止存閻羅王一鬼三大不盈尺而猙獰之狀駭人心目亦一奇也下寺渡潏水尋道安洞葬塔半傾寺亦寥落道安事無

考有金人所為碑獨叙安生平而不及洞所始但至此西倚高崖東眺樊南之景舉目可盡茂中言不虛也又東南行過鄭家庄唐鄭駙馬乾曜後族尚百人據記鄭氏居蓮花洞在道安洞西北今乃在東南豈年久遷徙耶似不可曉自此南行抵南山普光寺寺有二一在山下一在山上下寺金碧莊嚴為長安諸寺之冠即崇仁不及也最勝者寺門内蓮花池大數畝中作藏經閣環以廊百楹遊人至此恍然有出世想上寺距下寺五里

石磴參差飛梁跨壑長松古栢翠壁蒼巘應接不暇而莊嚴則減下寺殁寺直玉案山北是故龍池寺東北坡上有曇遠禪師塔記云上興教寺玉峰軒南望龍池廢寺則寺自宋已廢國初有無壞禪師者西方人與秦愍王有宿世緣卓錫至此山夜擊木魚聲達王宮王異之明日來見師與語王恍然悟前生事命席禮師師携石甑炊餅石罐煑水飲食王從者數千人皆給王乃即此山為起寺居之竟證圓寂師所遺禪衣錫杖并甑罐

見存余得寓目焉寺僧又為余言師化后又有一西僧貌類師來遊于此蹤跡詭異或與食食已筭或累日不食或飲之酒不醉或自遺矢傾食中并食之一居士欲從之遊僧指矢令食居士有難色僧笑而舍之去后所遺矢處輒生白蓮花僧殆亦無壞之流也惜無所遇云

余既遊二寺與王甡宿奉長老房為普光寺并觀無壞禪師衣物二詩翌日西北行循神禾原過惠炬寺荒落特甚下原徑杜固有水西北流當是杜正倫所鑿尚名

鳳皇嘴自此稍西行為杜曲懐子美為一詩又西
北為楊萬坡夏侯村上華嚴寺丹碧凋殘記謂有
澄襟院有東閣有元醫之居引水架閣頗極幽勝
今獨斷崖敗壁而已而倚高原瞰太乙諸山粲在
目前則猶昔也寺西二塔不知誰為真如寺僧言
昔有五塔止存二余觀東一塔下有杜順禪師像
西一塔為清涼國師妙覺塔俱經重修敗垣中有
唐比丘圓滿斷碑書雅有歐褚法又一僧房有唐

儼尊者塔額大字又有夢英撰碑何潤之書記文殊閣藏杜順肉身今亡所在而杜順和尚碑不知何縁乃在長安開佛寺中余與王甡觀已因嘆地之興衰如記稱龍池廢寺即今普光剏造為諸寺冠而華嚴寺之勝十不存一二焉為一詩而下循原西行數里有宗尉懷斛莊亭館參差出半山林木掩映水泉稻畦極幽僻之致懷斛者懷墩弟也懷墩字長房博學能詩文與余善恨不拉此君開樽暢飲其上也為一詩而過

又西二里為牛頭寺寺地勝如華嚴而莊嚴過之蓋亦
秦邸香火院也寺有徐士龍撰碑今亡余為一詩自寺
西南行過申店渡滈水西北望皇子陂大冢其西為畢
原下為杜城何氏山林逍遥公讀書臺岑嘉州諸莊俱
無所考佇望久之西南過神禾原十里為香積寺樊川
御宿之水交流其下謂之交水西合于灃入于渭亦一
勝地也寺塔中裂院宇荒涼寺前壁上有畢彥雄撰淨
業禪師塔銘書虬健有登善法寺僧言是塔上墜落者

是夜宿寺之西廊與王㸌指寺北汾陽破安賊時長刀斫陳鳥獸皆駭今獨有鬼火佛燈而已為一詩翌日渡交水東南行十里得胡村寺原名實際寺壁間有進法師塔銘是日小雨少憩寺中又東南五里為百塔寺本信行禪師塔院山畔唐裴行儉妻庫狄氏葬塔尚存餘小塔記所謂纍纍相比謂之百塔者今止存三五而已殿前石幢經無可書殊絶寺亦入秦邸故莊嚴稍勝殿壁金元舊畫雄偉可觀寺僧又出一像紗帽金龍紅袍

云得之承塵意是金元達官修寺者像也余為一詩而下至此東望普光僅十五里所謂南五臺者曰觀音曰靈應曰文殊曰普賢曰現身皆山峰卓立樓殿出半天在普光之西南百塔之東南而道塞多猛獸不易至每歲六月莫禱雲集秦邸人緣道設飲食以待之乃可遊焉余望之悵然循山西行林中多柹栗其陰蔽日又十五里為子午鎮直子午谷北有日中之市市多山珍長安人往往就之南望谷口殊險因憶魏延欲以精兵五

千自子午薄長安此去褒斜千里首尾不相救縱走夏侯懋豈能當曹叡張郃步騎五萬耶真妄言也鎮四十五里為董村寺是翠微下院山上寺為翠微余不得至呼寺僧問之不知也余與王貺相視而笑壁間金牒歷載諸寺化度寺猶存思宰更邕禪師塔銘不勝慨嘆又西十里為觀音山奇峭與衆山殊大壑精氣出入令人駭目又西十里為灃谷灃水為八水之一而谷口僅數十步亂石夾水北流殊非大浸稍北合高觀水交水始

大耳水上橋以鐵絙二繫大石橫以版履之動搖欲飛
又西一里許為高觀谷谷水注一大石鋳曰高觀潭漬
沫如雷上有鐵絙懸橋如澧谷而潭水激射度者尤悸
高觀谷之西則草堂寺也秦姚興迎鳩摩羅什譯經于
此原名逍遥園唐僧宗密居之為草堂寺今名棲禪寺
有鳩摩羅什葬舍利石塔精殊甚宋人作亭覆之今尚
在傍有龍井云與高觀潭通未知的否殿后有圭峰定
慧禪師碑柳公權篆裴休譔書圭峰定慧禪師者宗密

也壁間又有隋鄭州刺史李淵為子世民祈願記淵唐
高祖世民太宗也又有章惇蔡京題記皆歷歷可讀寺
前揖紫閣峰東觀音山西圭峰如屏環而圭峰獨壁立
亦曰笄頭山又曰雞頭十六國春秋云石生兵敗潛雞
頭山是也寺南一里有寺曰長興秦邸刱又西南三里
有寺曰子房莊則僧大海創以譯經俗謂留侯尋黄石
公于此非是當由紫閣訛為子房好事者貌留侯可笑
也東南一小峰峰頂有寺曰圭峰寺四寺唯棲禪最古

而莊嚴都不及長興余二十餘年三遊其地乙未同遊為羅貢士秀士魏茂才邦達韓進士期維癸卯同遊為王户部家瑞王明府宣徐孝廉汝為韓孝廉化張茂才自守敷君子者獨羅秀士仕為浙參軍餘皆物故而余亦斑白記余初遊時樓禪殿壁畫猶前朝筆甚奇偉今斷裂矣僧大海多長者遊善談論今圓寂矣其徒皆無足與言者圭峰寺僧松菴架閣巖居甚有幽致今僧化而閣廢矣獨長興以秦邸修繕如故余語王駙不勝今

昔存亡之感是夜宿棲禪寺為一詩以弔翌日王𣈆辭
余東歸余亦西歸是行也為日十三得隋記一唐碑三
塔銘六石幢經佳者二宋碑一記三唐碑額三為詩五
言古四七言古三五言律五七言律三

石墨鐫華卷七

欽定四庫全書

石墨鐫華卷八　　明　趙崡　撰

詩三十二首

由南時村之重陽宫觀元朝諸碑

林薄逗朝景清泉瀉澗鳴元宫在其南一逕仄復平下馬問羽流相見不識名坐我古殿傍棟宇半頹傾斷碑認殘字功德記先氓穹碑跱龍趺仙蹟滅且明遊盼窮千年安能永長生倦言日已西歸卧聊柴荆

觀道士所藏孫德彧遺服

仙客何年去遺袍賜勑聞機絲鮫室淚刀尺漢宫雲碑載明人字名餘學士文誰能悟蟬蛻搔首問茅君

遊樓觀歸遇雨

晨駕來中南周覽畢夕景青林滋華茂緑草紛落顭逶迤行路岐參差度前嶺樓殿出山巔高居列仙境若木蔭石犀扶桑覆丹井紫氣望不極白日焉能永嗟峨幼婦辭坐卧觀索靖仙游自一時感激發深省飄風從西

來雲霧變俄頃歸途雨冥冥寒薄侵衣領物態有如此
一嘯青天冷

仙遊寺

危逕轉深入諸天隱上方隨刋經帝力締構自前皇昔
代宸遊地今時卓錫鄉棟櫨千刼氣丹碧十尋光寳樹
沾花雨叢林有異香潭聲珠唄落山色翠眉長虎豹蒼
巖伏蛟龍白晝藏側身窺雁影蹋步造雲莊石立疑鯨
動橋飛訝蝀翔對門玉女洞隔水朗公房仙吹聞雙管

禪心話半牀世緣如可棄吾欲禮空王

渡渭

漢苑秦宮接渭橋中流一葦盪雙橈連天樹色疑顛倒

斷岸人家忽動摇浦口沙寒來往月城頭風落古今潮

停舟指點前朝事王氣諸陵黯未消

南上官村觀隋李使君碑

石獸荒凉盱夕曛孤村麥隴淡黄雲殘碑拂拭開皇字

功業依稀識使君

馬嵬驛亦是武帝黃山宮

茂陵劉郎過黃山後車盡讓傾城顏漁陽鞞鼓烟塵起
鳳輦倉皇墜玉環羽衣不奏哀蟬息廢驛荒城春草色
千古詞人空復愁海上遊魂招不得

應夢寺訪荀子若誠約遊九嵕

嗟余白髮叟奈爾黑頭何縱酒須能醉論詩不曾過江
山雙目少花鳥一春多且共尋幽賞行行得和歌

莊河村主人

落日牛羊嶺上村誰開三逕召王孫山容似黛斜侵檻
水字如巴曲到門野客行藏無揖讓田家賓主有盤樽
欲將谷口烟霞色並向桃源洞裏論

弔昭陵陪葬諸臣碑

遥望九嵕山古冢何纍纍上有名王宫下藏賢臣衣結
髮等苦樂焉能不相隨冥廬長安寢楊名觀豐碑文采
曜天壤書篆蹟嶔崎日月既以邁金石哀草萎守冢非
昔人誰知傾與頹兵燹同樵牧焚擊莫禁之況及盛明

朝富貴多文詞願言屬茂宰摹搨無停時田父怒其害
約結偕操錐斵者棄溝壑存者字亦稀生面開凌烟感
彼杜甫詩英姿罷颯爽悲思徒空垂又無蔥蒨樹靈爽
何所棲日暮聊騁眺長嘯增歔欷

將登昭陵阻大風雨率爾短歌

君不見九嵕山鴻濛突出涇渭間岡峰橫截青天色俯
視日月如雙丸恠石谽谺勢絶斗大者鯨呑小虎吼唐
帝龍髯此上升玉柙珠襦今何有御道曾聞鳳輦臨元

宮不復熊羆守悲哉文武之臣附蟄冢纍纍千秋魂魄能相依余也過之生慷慨腰有長虹倚翠微恍惚似聞神靈怒鞭驪龍兮叱馮夷澎澎湃湃狂風驟雨如翻浪山精木鬼白日爭跌宕疑是浴鐵三萬自東來鼓吹前后聲悲壯又疑是褒公鄂公酣戰時大呼動天天震盪君不見昨日天晴今日陰眼中之事等流雲漢家長陵竄野鼠秦帝驪山空草痕願提一斗酒澆君青樹根盡灑英雄恨千古雨捲風收天地昏

登昭陵

衆山忽破碎突兀一峰青地脈蟠千里神功闢五丁風雲行殿合松柏翠華停寂莫攀髯者何人問夜扃

宿東莊

山逕高復下行行望村烟墟里虗荆棘深巷絶塵喧主人貌朴陋稚子皆驚看言辭多孟浪逢迎少顧瞻自云窮山陰經月無時鮮嘉節及朱夏厲風凛冬寒豆麥苗一尺藿茹豈成飱割雞供黍食陳酒如太元日入無明

燭刈薪聊代然欣然為醉飽反覺禮數寬寢我茅茨下終夜抱膝眠天明主人至相見歡且慚欲别復躊躇愛此太古賢

山行

青天何處不堪捫石蹬巉巖嚙屐痕山氣將龍驕日馭泉聲挾雨鬬雲根羊腸忽轉東西磵馬首徐開遠近村欲學向平尋五岳便拚婚嫁棄兒孫

烟霞洞是鄭子真隱處

流水柴門曲曲斜青山有洞鎖烟霞野人不識當年事

笑道鄰無姓鄭家

茂陵

黄山歷盡見孤城城上樓高眼倍明芳樹寢園今北望

暮雲宫闕舊西京芙蓉畫冷仙翁露苜蓿春閒宛馬聲

回首長楊誇獵地何人得似馬卿名

過興平徐明府招飲明府巴人先大夫曾貳巴

郡不勝故人之感情見乎辭

容有并州意逢君話兩川江聲通白帝山色上青天緣
服趨庭夢星軺出刺年向來風木淚沾灑一金筳

薦福寺過楊廉夫故居二首

古寺嚴城外曾來問子雲疎鐘仙梵落雙樹佛燈分身
老思蘭臭時違歎鹿羣誰將兩行淚沾濕到荒墳
巳公結屋處送老梵宮天徑草虛遊屐牀書撫斷編塔
知埋雁後月傍誦經年負土侯生在相依守太元楊門生猶有讀書其中者

興善寺閣讀故觀察劉公恩徵留題

上方高閣鳳城南慧窟禪枝恣所探忽有新詩披謝朓翻令清淚洒羊曇乾坤六象搜難盡日月雙輪轉自叅無那世緣俱寂滅暫從芳澤問遺簪

登慈恩寺塔

日出東南行騁目川原上白雲忽飛馳森木紆朝爽寶刹欝崔嵬琉璃耀平莽昔人陟其巔徘徊蒼梧想題名在四壁勝蹟銜雲往灰刼亦已久施梯及吾黨振策鴻

濛天飛巒巨靈掌西極俯帝都東溟招方丈城郭渺何處睥睨澈窮壤

曲江

落日閒行曲江頭曲江曲裏草油油古瓦滿地蒼鼠遊千門宮殿等浮漚芙蓉園中牧兒謳樂遊苑上今王丘原遷水竭歷千秋覆茅為屋深耕耰朱雀橋邊繫紫騮我欲弔之總百憂開元盛時稱皇州三山之沼象瀛洲瑪瑙珍盤薦五侯昭陽麗質開明眸江花照眼江水流

物色生態待龍斿少年進士羣相逮黃金勒馬翡翠裘
青娥隊隊來勸酬亂插繁花盈道周阿犖大腹操長矛
天子倉皇為下樓才人公子成髑髏天陰鬼哭長啾啾
涇渭東流不斷愁野老吞聲哭未休盛事一去寧再留
落霞紫雲空宴游今代中丞王子猷新亭安穩時窮搜
眼中亭圯無人脩況乃唐家土一抔仰天長嘯清且遒
古木森爽風颼飂
興教寺

高原行忽斷老樹掩雲屯水散龍池遠峰孤玉案尊敗
垣驚變相殘碣繡苔痕昔日翻經意維摩許更論

普光寺

貝闕珠宮倚翠微跏趺終日澹忘歸蓮花忽自波中見
鷲影𣪆從檻外飛柳底鳴蛙闤動定松間馴鶴識皈依
龍池亦是東林社不必廬山好息機

叅無壞禪師觀所遺衣物

開士何年至鄮提訪故知振鈴醒萬刼分乳食千兒什

襲留衣鉢莊嚴奉國師誌公飛錫處雲氣繞龍池

杜曲

行遊杜陵巖巖下有晨炊茅屋數十家翳翳夏木齊遥岑結雨脚亂水明稻畦繫馬長條間箕坐復踟躇昔有杜陵老在此深巖居華族多貴達麗藻盛文詞此人既云往地靈亦以移花光比酒濃豈復如昔時村人但耦耕慈事不能知撫心悲先民攬筆作此詩

華嚴寺

杜陵原上草樹遮華嚴寺傍山水涯浴鳧飛鷺水田迴
過雨留雲山色賒老僧施食去扃户童子乞火來烹茶
法堂東閣半沉寂讀罷殘碑坐日斜

過公謹宗尉莊兼懷長房社丈

茂林蔽修逕敷草帶高岡薄言事遊遨夏陰清且長倚
原結茅茨避喧如柴桑竹樹覆短垣蓬蒿豈就荒亭館
出其巔參差摩穹蒼爾家近韋杜嗟彼美人行美人好
兄弟結侶唯清狂識我亦已久奇文數與商安得有樽

酒對坐話衷腸一醉何所求良時多感傷

牛頭寺

野寺荒原上登登逕轉遥禪房穿樹杪珠閣擘山腰坐久花頻落談深鳥故驕淹留從老衲寂寞話前朝

宿香積寺 寺北汾陽破賊處

迢迢御宿川落落香積寺殿頹塔裂不記年斷碑猶拂開元字開元之後此出師番兵六萬首皆碎我來宿寺中徘徊動遐思空山日落雨冥冥古木荒村鬼火青尚

父忠勲郁在眼至今惟有佛燈明

百塔寺

遥望百塔寺寺邊塔纍纍下有數榮草上有紛披枝借問此下人長卧亦何其心結如金石骨化隨塵灰慧澤廣無外圓光照地垂色身寧有極生願為芻尼

草堂哀舊遊諸君子

紫閣對圭峰古寺三五處松栢蔽其陰日夕起烟霧二十年間三來遊我歌爾和偕交素吁嗟乎哀莫哀兮昔

日之人兮朝露一哀兮魏生意氣無知流（謂魏邦達）二哀兮韓郎識面如荊州（謂韓翃維）三哀兮一代風流王子猷（謂王家瑞）四哀兮京兆眉間翠黛愁（謂張自守）五哀兮韓家難弟雙吳鈎（謂懌化）六哀兮小王翩翩爲鳧游（謂王宣）七哀兮徐穉高歌更莫酹平生意氣輕王侯（謂徐汝爲）作者七人不可遮眼前山水音悲嗟此行携得東床兒（謂王允濂）我昔遊時爾童牙今也能探虎豹窟彩筆飛揚凌律崒老態龍鍾應避鋒狂來曾負崚嶒骨不隨逝者為髑髏且向山中書咄

咄嗚呼仰天長嘯兮生死交情不能忘年過半百多悲傷更有羅含在遠方（謂羅秀士）安得雙淚隨大江大江東流無止息紫閣圭峰千古色但使圭峰紫閣如礪堅一生一死那足言

總校官舉人臣章維桓

校對官編修臣蔣予蒲

謄錄監生臣沈近勇

圖書在版編目（CIP）數據

石墨鐫華 / (明) 趙崡撰. — 北京：中國書店，2018.8
ISBN 978-7-5149-2055-0

Ⅰ. ①石… Ⅱ. ①趙… Ⅲ. ①碑刻－匯編－中國－古代 Ⅳ. ①K877.42

中國版本圖書館CIP數據核字(2018)第080087號

四庫全書·目録類

石墨鐫華

作　者　明·趙　崡　撰
出版發行　中國書店
地　址　北京市西城區琉璃廠東街一一五號
郵　編　一〇〇〇五〇
印　刷　山東汶上新華印刷有限公司
開　本　730毫米×1130毫米　1/16
印　張　19.75
版　次　二〇一八年八月第一版第一次印刷
書　號　ISBN 978-7-5149-2055-0
定　價　七〇　元